RADIUS BÜCHER

Iring Fetscher

Toleranz

Von der Unentbehrlichkeit
einer kleinen Tugend
für die Demokratie

Historische Rückblicke
und aktuelle Probleme

Lektorat: Klaus-Peter Burkarth

CIP-Titelaufnahme der Deutschen Bibliothek

Fetscher, Iring:
Toleranz: von der Unentbehrlichkeit einer kleinen Tugend
für die Demokratie; historische Rückblicke und
aktuelle Probleme / Iring Fetscher. –
Stuttgart: Radius-Verl., 1990
ISBN 3-87173-812-3

ISBN 3-87173-812-3
© 1990 by RADIUS-Verlag GmbH Stuttgart
Umschlag: Dieter Kurzyna
Gesamtherstellung Clausen & Bosse, Leck
Printed in Germany

Inhalt

Vorwort

Die Idee zu diesem Buch verdanke ich der Evangelischen Akademie Greifswald, von der ich im Oktober 1988 zu einem Vortrag über »Toleranz« eingeladen wurde. Auf der Suche nach eindrucksvollen Texten zur verhängnisvollen Auswirkung staatlicher Intoleranz stieß ich damals auf Passagen in Spinozas »theologisch-politischem Traktat«, die der junge Marx 1842 exzerpiert hatte. Einige dieser Zitate – die ich der »offiziellen« Marx-Engels-Gesamtausgabe entnommen hatte – wirkten auf meine Zuhörer so aktuell, daß sie wohl zunächst an eine satirische Erfindung ihres Redners glauben mochten. Nicht viel anders erging es ihnen mit dem Hinweis auf das »privilegium emigrandi«, von dem im 17. Jahrhundert gesagt wurde, daß es die Folgen religiöser Intoleranz etwas mildere. Kurz, es zeigte sich, daß die alten Argumente zugunsten religiöser Toleranz in einem ideologischen Staat wie der DDR noch immer aktuell waren. In den anschließenden Diskussionen wurde aber auch bereits erkennbar, daß – nach dem Wegfall der ideologischen Diktatur – neue Feindbilder auftauchen können, die auf andere Weise die gebotene Toleranz gefährden. Deutlich spürbar war zum Beispiel die traditionelle Ablehnung der Polen, deren »nationale Eigenschaften« abgewertet und deren mutiges Aufbegehren von vielen nicht mit Sympathie begrüßt, sondern als Belastung empfunden wurde. Auf die jahrzehntelang erzwungene »Freundschaft« mit Polen und mit den »sowjetischen Freunden« würde – so war bereits erkennbar – eine Welle von bitterer Feindseligkeit folgen. Auch wenn die Analyse der Ursachen und Anlässe solcher Animositäten nicht schon zu deren Überwindung führt, stellt sie doch einen wichtigen ersten Schritt dar. In einer immer enger werdenden Welt wie in dem vereinigten Deutschland wird der Bedarf an Toleranz nur noch zunehmen. Das hohe Wohlstandsgefälle zwischen Ost und West und die unterschiedlichen Schicksale der Menschen in der DDR und in der Bundesrepublik stellen eine zusätzliche Herausforderung für solidarische Hilfe, Rücksichtnahme und Toleranz dar. Aus diesem Grunde hielt ich diese Erinnerung an eine »kleine politische Tugend« gerade heute für aktuell.

Frankfurt, Juli 1990   Iring Fetscher

Einleitung

Toleranz ist gut. Muß man aber alles tolerieren? Gibt es nicht Verhaltensweisen, die nicht geduldet werden dürfen, wenn das friedliche Zusammenleben von Menschen gewährleistet werden soll? Gewiß. Unterscheiden wir zunächst einmal zwischen dulden und erdulden. Wir alle müssen
vieles erdulden, was wir lieber nicht zulassen würden. Alter und Krankheit, Lärm und Umweltverschmutzung – um nur Weniges zu nennen –
wollten wir gern loswerden. Die natürlichen Schranken, die wir nicht
überschreiten können, sind wir genötigt hinzunehmen. Die Natur ist
nicht tolerant. Aber was Menschen verschuldet haben, können auch
Menschen vermeiden oder wieder beseitigen – jedenfalls dann, wenn die
Korrektur nicht zu spät kommt. Unverantwortlich wäre zum Beispiel,
wenn die Gewerbeaufsicht unhygienische Verhältnisse in den Küchen
von Gasthäusern »dulden« würde, oder wenn Polizei und Rechtspre-
chung nicht gegen Mord und Totschlag einschreiten wollten, um sich tolerant gegenüber dem Tötungs- und Rachebedürfnis von Menschen zu
erweisen.

Was ist also Toleranz? Und worauf bezieht sie sich? Traditionell wird
der Begriff für die Duldung abweichender religiöser Bekenntnisse ver-
wendet. Eine katholische Regierung z. B. erweist sich als tolerant oder
intolerant gegenüber der protestantischen Minderheit. Toleranz zwischen den Konfessionen und zwischen den Religionen oder gar zwischen
Gläubigen und Atheisten ist eine Errungenschaft der bürgerlichen Aufklärung. In den Ländern Europas (wenn man einmal von Nordirland,
Spanien und Polen absieht) ist heute die Religion keine Quelle mehr für
gesellschaftliche Intoleranz. An ihre Stelle sind ethnische, kulturelle
»Abweichungen« getreten. Die andere Lebensweise, das andersartige
Aussehen und Verhalten von Minderheiten führen bei Angehörigen der
Mehrheit oft zu intolerantem Verhalten. Zugleich hat die Intensivierung
des Weltverkehrs und die schrittweise Vereinigung Europas sowie die
Einwanderung von außereuropäischen Menschen die Kontakte von An-
gehörigen unterschiedlicher Kulturen vervielfältigt. Die »multikulturelle
Gesellschaft« freilich ist fast überall noch ein fernes Ziel. In ihr wäre die
gegenseitige Toleranz unterschiedlicher Menschen selbstverständlich.
Einstweilen gilt es, wenigstens allmählich Intoleranz abzubauen und Toleranz auszubreiten.

Warum wird der »Andersartige«, der »Fremde«, »fremdländisch Aus-
sehende« abgewehrt oder gar verfolgt? Warum wird er zum »Feind« stili-
siert? Mir scheint in erster Linie deshalb, weil seine »Andersartigkeit« die
eigene Eigenart in Frage zu stellen scheint. Das war auch – abgesehen von
den Motiven politischer Instanzen – die Ursache für religiöse Intoleranz.
Der religiöse Glaube beruht ja nicht auf evidenten Einsichten, die wie die
der Euklidschen Geometrie ohne weiteres von allen übernommen wer-

den. Er ist ein intensives Fürwahrhalten offenbarter Sätze, das keine andere Vergewisserung kennt als die Gemeinschaft der Gläubigen. Aus diesem Grunde stellt die Existenz von Personen und Gemeinschaften, die diesen Glauben offenbar nicht teilen, eine deutliche Verunsicherung dar. Je ungewisser und unsicherer der eigene Glaube ist, desto größer wird das Bedürfnis, jene störenden Zeugen der Tatsache, daß man auch anders leben, von anderen Überzeugungen getragen werden kann, zu beseitigen, sei es, indem man die Andersgläubigen vertreibt, sei es, daß man sie wenigstens dazu zwingt, ihre Bekenntnisse nur privat abzulegen und aus der Öffentlichkeit zu verschwinden.

Wenn nun aber nicht mehr das religiöse Bekenntnis, sondern die alltägliche Lebensweise die eigne Identität definiert, dann werden Abweichungen von ihr offenbar von vielen als ebenso verunsichernd empfunden wie früher die andersgläubige Konfession. Je schwächer das Gefühl der eignen kulturellen Identität, je schwächer allgemein das Selbstwertgefühl ist, desto größer wird die Versuchung zur Intoleranz. So erklärt sich zum Beispiel die verbreitete Intoleranz der »poor whites« gegenüber Farbigen in den Südstaaten der USA, die – angesichts ihres gedrückten sozialen Status – allein in der Zugehörigkeit zur »weißen Rasse« einen Halt für ihr Selbstwertgefühl finden und aus diesem Grunde die »Schwarzen« herabsetzen.

Halten wir den Gedanken fest: Andersartigkeit, andere Lebensweisen verunsichern – und zwar vor allem dann, wenn sie in unserer Nähe, in unserer Stadt oder Gemeinde auftauchen. Die kulturelle Eigenart, ja selbst die absonderlichsten Sitten und Gebräuche, denen der Reisende in fremden Ländern begegnet, stören ihn in seinem Identitätsbewußtsein nicht. Im Gegenteil: die Fremde in ihrer Befremdlichkeit läßt ihm erst recht seine Eigenheit ins Bewußtsein treten. Daheim aber stören ihn die Gerüche aus der »türkischen Garküche« oder die Korangebete, die in Smyrna oder Istanbul exotischen Reiz für ihn hatten.

Toleranz – so meine Folgerung – setzt ein angemessenes Selbstbewußtsein und Selbstwertgefühl voraus. Nur wer sich seiner kulturellen Identität sicher ist und sie – als akzidentell und dennoch gegeben – anerkannt hat, ist imstande, auch Fremde und Fremdartiges als legitim zu akzeptieren. Kein Wunder, daß Menschen, die in ihrer kulturellen oder nationalen Identität verunsichert sind, zu Intoleranz neigen.

Die Aufklärung als geschichtliche Bewegung hat zwar der Toleranz Vorschub geleistet, aber sie tat es im Grunde um den Preis der Einebnung ethnisch-kultureller Besonderheiten. In ihren Augen war es fortschrittlich, Weltbürger zu sein und sich als »Mensch«, nicht als Angehöriger eines bestimmten Volkes zu definieren. Mag sein, daß es den Franzosen im 18. Jahrhundert leicht fiel, diesen Schritt zu tun, weil sie davon überzeugt waren, daß ihre Sprache und ihre Kultur eigentlich schon »die universale Kultur« repräsentierten. Vor allem galt aber für die Angehörigen der führenden Bildungsschicht in Europa, daß sie sich zu einer gemeinsamen, aufgeklärten und sittlichen Weltanschauung bekannten, der gegenüber der nationalen Zugehörigkeit geringere Bedeutung zukam. Im Prozeß der Ausbildung der Nationalstaaten – man denke etwa an Frankreich oder England – wurden die regionalen Besonderheiten von den Regierungen bewußt unterdrückt. Es galt als fortschrittlich, auf den Argot, die lokale Mundart, zu verzichten und sich ausschließlich in der Schriftsprache auszudrücken, deren Sprachstand in Frankreich sogar von einer Akademie festgelegt wurde. Diese Unduldsamkeit gegenüber Partikularitäten war die Kehrseite des universalistischen und rationalistischen Weltbildes und der Abwertung von religiösen Überzeugungen.

Was den Regionen genommen wurde, das eigneten sich freilich die Nationen als emotionale Stärke wieder an. An die Stelle von regionaler Heimatliebe und Pflege provinzieller Besonderheiten traten der Nationalismus und die stolze Identifikation mit dem nationalen Staat. Unter den Nationen Europas entstand ein Wettkampf um die Palme der Universalität. Aus der Französischen Revolution ging die Idee der Weltrevolution, aus der Republik Frankreich die Idee einer Weltrepublik hervor, auch wenn deren Exponenten Thomas Paine und Anacharis Cloots z. B. sich politisch nicht durchsetzten. Die Deutschen reagierten darauf mit ihren Ideen von »Weltbürgertum und Nationalstaat«.

Die universale Freiheitsidee der Französischen Revolution wurde von Napoleons Heeren durch ganz Europa getragen, löste aber zugleich nationalistische Reaktionen, nationales Erwachen aus.

Die auf der Grundlage eines abstrakten und sittlichen Weltbürgertums ruhende aufgeklärte Toleranzidee konnte sich gegen die Kräfte des Neuen, den Nationalismus und Chauvinismus im 19. Jahrhundert, nicht behaupten. Aus der kulturellen Vielfalt, die doch etwas durchaus Schönes und Bewahrenswertes sein kann, erwuchs Animosität. Insbesondere diejenigen Nationen, die sich »verspätet« und mit geringerem Stolz und geringerer Stärke ihrer Eigenheit bewußt wurden, versuchten durch Herabsetzung anderer, sich wenigstens indirekt eine Art Überlegenheitsgefühl zu verschaffen. Wie kein anderer scheint der deutsche Nationalismus davon geprägt worden zu sein. Auch wenn es paradox klingen mag: gerade ein geringes nationales Selbstwertgefühl verleitet zur Herabsetzung anderer Nationen und zur Intoleranz gegenüber Fremden. Eine besonders widerliche Form dieser Intoleranz und Feindschaft war die gegenüber den Juden. Sie waren die einzige Minderheit, die nicht den christlichen Bekenntnissen angehörte, sie unterlagen seit langer Zeit spezifischen, ihre Tätigkeiten wie ihren Wohnsitz beschränkenden Bestimmungen, und sie hatten sich durch die Jahrhunderte hindurch ihre kulturelle und religiöse Identität bewahrt. Das erzeugte bei verunsicherten Mitbürgern Neid und Haß, auch wenn die meisten Juden – in Deutschland wie in Frankreich – in eher bedrängten Verhältnissen leben mußten. Neid und Haß wurde durch imaginierte Eigenschaften dieser Minderheit gefördert, wobei eine maßlos übersteigerte Vorstellung ihres Reichtums, eine unterstellte höhere sexuelle Potenz und Phantasien von im Geheimen begangenen Verbrechen im Mittelpunkt standen. Statt den Versuch zu machen, die Andersartigen kennenzulernen, wurden sie von vornherein abgelehnt, verleumdet, gehaßt und verfolgt. Daß die christliche Tradition zu diesen Vorurteilen einen wesentlichen Beitrag geleistet hat, ist bekannt. Erst 1955 wurde z. B. aus der Karfreitagsliturgie der diskriminierende Hinweis gestrichen: »an dieser Stelle (nach dem Gebet für die ungläubigen Juden), unterläßt der Diakon die Aufforderung zur Kniebeuge, um nicht das Andenken an die Schmach zu erneuern, mit der die Juden in dieser Stunde den Heiland durch Kniebeugen verhöhnten«. Schon die pauschalisierende Ausdrucksweise »die Juden«, obwohl es sich doch lediglich um einige Angehörige dieses Volkes gehandelt hat, dem im übrigen auch Jesus angehörte, verführt zu einer entsprechenden Feindseligkeit.

Was ursprünglich Folge der immer wieder verunsicherten christlichen Glaubensüberzeugung war, verwandelte sich dann im Laufe des 19. Jahrhunderts in Sozialneid, der von Demagogen in Rußland und Deutschland sowie in Österreich-Ungarn weidlich ausgenutzt wurde. Auch dort, wo Toleranz zwischen den christlichen Bekenntnissen sich schon durchgesetzt hatte, blieben die Juden von ihr noch ausgeschlossen. In der Regel gingen aufgeklärte Fürsten auf dem Weg zur Toleranz voran, während die Bevölkerung bei ihren angestammten Vorurteilen verblieb. Die Demokratie hat aus diesem Grunde keineswegs überall einen Fortschritt in Richtung auf tolerantere Verhaltensweisen zur Folge gehabt.

Doch noch einmal zurück zur Problematik des rationalistischen Universalismus der Aufklärung. Als Basis für tolerantes Verhalten gegenüber unterschiedlichen Religionen war er zweifellos außerordentlich gut geeignet. Lessings Ringparabel kann als Beispiel für die eminent tolerante Haltung eines aufgeklärten Autors gegenüber den drei großen »Religionen des Buches« dienen. Da es ihm – wie übrigens auch Rousseau und Kant – allein auf das sittliche Verhalten der Menschen ankam, konnte er sich einen friedlichen Wettbewerb unter Christen, Juden und Muslimen vorstellen, den der gewinnen würde, der durch sein Verhalten am eindringlichsten beweist, daß sein Glaube der Sittlichkeit und damit wohl auch der Toleranz dient.

Die Ringparabel ist ein ehrwürdiges Zeugnis für die religiöse Toleranz der Aufklärung. Die drei großen Religionen werden in ihr freilich darauf reduziert, Motivation für sittliches Verhalten zu vermitteln. In der »Erziehung des Menschengeschlechts« spricht Lessing davon, daß eines Tages an die Stelle des autoritären Sittengebotes des Alten Testamentes und der himmlischen Versprechungen, die das Neue sittlichem Verhalten verheißt, eine Epoche beginnen werde, in der die Menschen ohne Befehl und Versprechung jenseitiger Belohnung das »Gute um des Guten willen tun werden«. Die Religionen erscheinen als pädagogische Maßnahmen der Vorsehung, denen die emanzipierte Menschheit in Zukunft entwachsen sein werde. Kein Zweifel: Theologen und theologische Autoren wie Martin Luther und Sören Kierkegaard lehnen diese Reduktion der Religion zur moralischen Motivation entschieden ab. Sie finden, daß damit ihr Eigentliches getilgt wird. Genauso dürften es viele religiöse Menschen empfinden. Die Basis aufgeklärter Toleranz ist aus diesem Grunde nicht tragfähig genug, so eindrucksvoll sie auch dem aufgeklärten Rationalisten erscheint. Sie muß ergänzt oder vielleicht auch ersetzt werden durch die Anerkennung der nicht austauschbaren und nicht auf eine Ethik reduzierbaren Vielfalt und Besonderheit der Religionen. Wir werden sehen, daß einige Theologen imstande sind, durchaus eine religiöse Begründung für die Toleranz zu liefern, wobei sie jede Art von Zwang ebenso ablehnen wie die »verführerische« Sogwirkung der Privilegierung nur einer Konfession oder Religion. Ich halte diese Begründung des Pluralismus und der Toleranz deshalb für so wichtig, weil sie auf nichtreligiöse Besonderheiten der verschiedenen Kulturen übertragen werden kann.

Im folgenden werde ich einen Blick auf die Geschichte der Toleranz werfen. Dabei wird es sich zeigen, daß sowohl die Motive als auch die Intentionen der Toleranzedikte höchst unterschiedlich waren und oft aus einer eher fragwürdigen Gleichgültigkeit gegenüber religiösen Überzeugungen hervorgingen. Dabei soll die Leistung der aufgeklärten Fürsten, die auf diesem Wege vorangeschritten sind, nicht abgewertet werden; aber es wird nötig sein, ihren Aussagen auf den Grund zu gehen. Eine entschiedene Förderung erfährt der Toleranzgedanke, nachdem er in den verschiedenen Verfassungstexten Amerikas, Frankreichs usw. institutionell durch die Menschenrechtskataloge abgesichert worden ist. Gabriel Riquetti Comte de Mirabeau betont freilich in diesem Zusammenhang: »Ich komme nicht, um Euch Toleranz zu predigen. Die unbegrenzte Religionsfreiheit ist in meinen Augen ein dermaßen heiliges Recht, daß mir das Wort Toleranz, das ihr Ausdruck verleihen möchte, eigentlich einigermaßen tyrannisch vorkommt. In der Tat greift das Vorhandensein von Autorität, die zur Duldsamkeit ermächtigt ist, die Denkfreiheit an, denn eben weil sie duldet, hat sie auch die Macht, nicht zu dulden.« Damit markiert Mirabeau sehr nachdrücklich die Grenze, die regierungsamtliche Toleranz (wie sie Friedrich II. in Preußen oder Joseph II. in Österreich dekretierten), von institutioneller Toleranz oder Freiheitsrechten trennt. Goethe hat in seinen »Maximen und Reflexionen« eine andere Unzulänglichkeit bloßer Toleranz hervorgehoben: »Toleranz sollte eigentlich nur eine vorübergehende Gesinnung sein: sie muß zur Anerkennung führen. Dulden heißt beleidigen.« Ich möchte allerdings zum vollen Begriff von Toleranz die Anerkennung der Legitimität des anderen in seiner Andersartigkeit hinzuzählen. Anerkennung verlangt ja nicht die Übernahme des Glaubens, der Lebensform, der kulturellen Eigenart des anderen, sondern nur ihre Respektierung als gleichberechtigt.

Die Toleranz der Fürsten und absoluten Machthaber entsprang meist zwei rein utilitaristischen Überlegungen: 1.) Durch die Unterdrückung einer konfessionellen Minderheit – etwa der Calvinisten in Frankreich –

werden dem Land wertvolle Arbeitskräfte und Kapazitäten entzogen. Die Vergrößerung der Bevölkerung und das Wachstum des Nationalvermögens galt aber als oberstes Ziel der Regierungspolitik und Gradmesser ihres Erfolges. 2.) Durch die Verfolgung einer religiösen Minderheit wird der feste Zusammenhalt der Nation gefährdet – das war die Position der sogenannten »Politiques« (zu denen Bodin gehörte), und deutlich findet man hier den Unterschied zu den Monarchen markiert, die die Einheit der Nation mit Hilfe der katholischen Kirche zementieren wollten. Erleichtert wurde der Erlaß eines Toleranzediktes und die Verwirklichung toleranter Politik gegenüber religiösen Minderheiten durch die aufgeklärte Gesinnung z. B. Friedrichs des Großen, der für seine Person vermutlich allenfalls ein Deist war, d. h. an den »Gott der Philosophen«, nicht aber an den der Kirchen glaubte.

Von der Toleranz, die von Regierungen ausgeht, und der, die in Verfassungstexten gewährleistet wird, ist die der Bevölkerung und der sogenannten »öffentlichen Meinung« zu unterscheiden. Hier halten sich oft – wie schon angedeutet – Vorurteile, die aufgeklärte Fürsten und demokratische Politiker bereits abgelegt haben. Sigmund Freud hat in »Massenpsychologie und Ichanalyse« die Ursachen dieser in modernen, anonymisierten Gesellschaften verbreiteten Intoleranz untersucht. Dieses Potential an Feindvorstellungen und Animositäten ist aber deshalb so gefährlich, weil es Demagogen immer wieder dazu verleiten kann, es auszunützen, um Zustimmung für beliebige aggressive Ziele ihrer Politik zu gewinnen. Auch Sigmund Freud fällt es – als echtem Aufklärer – verhältnismäßig leicht, die Wurzeln der Intoleranz auch und gerade im Christentum aufzuzeigen. Die Tatsache, daß erst mit dem Monotheismus religiöse Intoleranz entstehen kann, die – zumindest in dieser Form – der Antike unbekannt war, hat nicht nur Freud in diesem Zusammenhang hervorgehoben. Daß es dabei nicht bleiben muß, werde ich – mit Hilfe der Argumentation des Theologen Paul Tillich und anderer – zu beweisen suchen.

So wichtig aber auch Toleranz gerade in unserer Zeit mit ihrer immer enger werdenden Berührung von Angehörigen unterschiedlicher Kulturen, Religionen, Sprachen und Bräuche ist, so gibt es doch auch Grenzen der Toleranz gegenüber manifest Intoleranten. Nur wenn diese Grenzen so genau umschrieben werden, daß sie nicht zum Vorwand für unberechtigte Verfolgung und Unterdrückung gemacht werden können, kann ohne Gefahr von ihnen geredet werden. Noch einmal: generell geht es um die Anerkennung des Rechts auf »Besonderheit« und »Andersartigkeit«. Dieses Recht gehört zu dem konservativen Recht, »man selbst zu sein und zu bleiben«, das an dem gleichfalls begründeten Recht, »ein anderer werden zu dürfen«, seine Grenze findet. Im Hinblick auf die Religion bedeutet das: Ich habe das Recht zu meiner eignen religiösen Überzeugung, darf weder durch Zwang noch durch Versprechungen um dieses Recht gebracht werden. Ich habe aber auch das Recht, aus Einsicht, aus veränderter Überzeugung meine Religionsgemeinschaft zu wechseln oder aus ihr auszutreten. Dieses Recht, »ein anderer zu werden«, ist ebenso wichtig wie jenes, »man selbst zu bleiben«. In einer Welt, in der die Mittel der Massenbeeinflussung und Massenmanipulation immer zahlreicher und immer raffinierter werden, sind beide Rechte bedroht.

Ich habe zunächst von der Verdichtung der Weltkontakte gesprochen, davon, daß immer mehr Menschen mit immer unterschiedlicheren Angehörigen fremder Kulturen in Kontakt kommen, wodurch die Reibungsflächen vermehrt und Anlässe zu Feindbildern vervielfacht werden. Es gibt aber auch noch einen anderen Grund, der das Toleranzgebot heute aktueller macht denn je. Wenn nämlich auf der einen Seite die naturwissenschaftliche, rationale Weltzivilisation mit ihren Errungenschaften wie mit ihren Risiken weltweit eine fast homogene Einheit schafft, die schon das äußere Erscheinungsbild der Städte aller Erdteile, der Verkehrsmittel und der Kommunikationssysteme prägt, dann hat diese Entwicklung zugleich bei vielen zu einem Gefühl der Unsicherheit, der Leere, der Entwurzelung geführt, das sie nach identitätsstiftenden Mitteln suchen läßt. Diese Mittel sind häufig die als unentbehrlich empfundenen kulturellen Eigenarten, regionale Besonderheiten, aber auch religiöse Überzeugungen. Die überlieferte Kultur, so erscheint es vielen, vermag eher Antworten auf die Frage nach dem Sinn des Lebens, nach den Werten, für die es sich zu engagieren lohnt, zu geben, als die vereinheitlichte Weltzivilisation. So fragwürdig die Entgegensetzung von Kultur und Zivilisation – gerade in der deutschen Tradition – auch gewesen ist, ein Unterschied zwischen der universalen Welt von Wissenschaft, Technik und Industrie auf der einen Seite und spezifischen Kulturen mit ihren Sprachen, Literaturen, religiösen Besonderheiten kann nicht geleugnet werden. Und nachdem das universalistische Ideal des Fortschritts in mancher Hinsicht fragwürdig geworden ist und jedenfalls als einziger Daseinssinn nicht mehr ausreichen will, kommt die Suche nach »alten« Werten und Sinnsystemen wieder auf. Leszek Kolakowski hat unlängst diesen Charakterzug der Gegenwart eindrücklich beschrieben: Für die Menschen, die zuletzt in der Hegel-Marxschen Fortschrittsideologie Lebenssinn gefunden hatten, ist dieser Sinn – vollends mit dem Konkurs der Länder des »real existierenden Sozialismus« und den drohenden Umweltkatastrophen – zusammengebrochen. Damit sei das Selbstverständnis der Moderne auf den relativistischen Historismus zurückgefallen, »der sich in Gleichgültigkeit verwandelte und uns in demselben geistigen Vakuum zurückließ, das er zu füllen versprach«.

Da Menschen jedoch auf Dauer nicht in einem geistigen Vakuum zu leben vermögen, da sie das begreifliche Bedürfnis haben, die Welt – ihren Sinn und den Sinn ihres eignen Lebens – zu verstehen, beobachten wir deshalb fast überall in den entwickelten Industrieländern wie in Ländern der Dritten Welt Versuche, »einen Rückweg zu finden, der uns vielleicht zu jenem verlorenen Sinn zurückbringen wird«, einem Sinn, den einst Gott, dann die Natur und das rationalistische Naturrecht und schließlich die progressiv gedeutete Geschichte liefern sollte. Kolakowski analysiert: »Trotz aller vernünftigen Erwartungen scheint das Bedürfnis, sich in einer Stammeszugehörigkeit wiederzufinden, sich durch nationale Kulturwerte zu bestimmen, kräftiger geworden zu sein, nicht schwächer. Welche Gefahren dieses verständliche Bedürfnis in sich trägt, wenn es in kriegslüsternen Chauvinismus ausartet, braucht man nicht zu betonen... Vor allem aber ist die Suche nach religiöser Selbstfindung wieder aufgelebt. In der Verwirrung und der Unsicherheit, in der wir leben, scheint uns unser religiöses Erbe wieder eine zuverlässigere Stütze zu sein als alles andere.«

Aus Furcht, in der eingeebneten Homogenität der Weltzivilisation als Person und als Angehöriger eines Volkes, eines Stammes, als Einwohner einer Stadt oder eines Gebietes unterzugehen, entdecken die Menschen aufs neue die Bedeutung ihrer lokalen, regionalen, ethnisch-kulturellen Besonderheiten. An die Stelle des Ideals der Assimilation an die Kultur einer größeren Einheit und des Weltbürgertums tritt die Suche nach den »Wurzeln« in der Vergangenheit der Familie, des Stammes, des Volkes. Das gilt z. B. für die verschiedenen Gruppen von Einwanderern in den USA oder in Australien gleichermaßen wie für die Menschen, die in Europa durch Krieg, Vertreibung und ökonomisch begründete Wanderbewegung ihre Ursprungsheimat verlassen mußten. Diese verständliche Entwicklung birgt freilich ein erhebliches Konfliktpotential, wenn ethnisch-kulturelle Verschiedenheiten mit sozialen Unterschieden und Interessengegensätzen zusammenfallen. Sie zu entschärfen, genügt allein auch der nachdrücklichste Toleranzappell nicht. Erst wenn diese Unterschiede auf ein erträgliches Maß herabgestuft worden sind, können Toleranz und friedliches Nebeneinander unterschiedlicher Kulturen und Religionsgemeinschaften gewährleistet werden. Ein erster Schritt in Richtung auf diese Überwindung von Feindbildern und Konflikten zwischen sozialen und ethnischen Gruppierungen ist die Analyse des Zusammenhangs von Vorurteil-Feindbild und ökonomisch-sozialem Interessengegensatz. Häufig werden aber die ethnisch-kulturellen oder religiösen Unterschiede – wie bereits angedeutet – von Demagogen dazu benützt, um die entscheidenden sozioökonomischen Interessengegensätze zu verschleiern und an ihre Stelle nationale und religiöse zu setzen.

Toleranz – soviel ist, glaube ich, klar geworden – ist eine unentbehrliche demokratische Tugend in modernen Gesellschaften mit ihrer Pluralität an nationalen Minderheiten und religiösen Gruppierungen. Sie kann jedoch nicht »abstrakt«, indem die konkreten sozialökonomischen Verhältnisse aus dem Blickfeld bleiben, verwirklicht werden. Zur Anerkennung der Legitimität des Andersartigen emporgehoben, folgt aus ihr die Forderung nicht nur nach Gleichberechtigung, sondern auch nach möglichst weitgehender Gleichachtung und Gleichstellung. Wenn dagegen unter »reiner Toleranz« die Duldung der bestehenden extremen Ungleichheiten der Lebenschancen und die Stabilität der existierenden Machtverhältnisse durch – irgendwie befriedigte oder durch Manipulation beeinflußte – Mehrheiten verstanden wird, verwandelt sie sich in etwas, das Herbert Marcuse »repressive Toleranz« genannt hat. Aber trotz aller Kritik gibt doch auch Marcuse zu, daß »bei all ihren Grenzen und Verzerrungen demokratische Toleranz unter allen Umständen humaner ist als eine institutionalisierte Intoleranz, welche die Rechte und Freiheiten der lebenden Generationen künftigen Generationen zuliebe hinopfert«. Voraussetzung dafür, daß Toleranz »befreiend« wirkt, ist die Bildung aller zu gleichberechtigten Bürgern mit selbständigem, sittlichem und politischem Urteil.

Vom antiken Polytheismus
zur monotheistischen Intoleranz

Die Griechen der Antike hielten alle Nichtgriechen für »Barbaren«, ein Wort, das lautmalerisch deren unverständliches Gerede imitiert. Aristoteles meinte, Barbaren seien »natürliche Sklaven«, während Hellenen nur durch unglückliche äußere Umstände in diese – ihnen unangemessene – Lage geraten könnten. Hier zeigt sich kein Zeichen für Toleranz gegenüber Fremden. Der Polytheismus jedoch, vor allem der später in Rom praktizierte, erschien im Rückblick als eine mögliche Basis für religiöse Toleranz. Immerhin gab es auch in Athen nicht nur den einen Asebie-Prozeß gegen Sokrates, der anstelle der offiziellen Götter der Polis andere und neue (sein Daimonion war gemeint) eingeführt hatte. Rom aber, die weltbeherrschende Macht, brachte mit jeder neuen Eroberung auch neue Götter nach Hause und erlaubte deren Kult neben dem der älteren Götter. Die Götter selbst besaßen – abgesehen davon, daß sie Unsterbliche waren – genuin menschliche Eigenschaften und Fehler. Sie waren eifersüchtig, rachsüchtig und liebestoll, waren – wie die Menschen – in Kämpfe untereinander verstrickt. Das bunte Bild des antiken Götterolymps hatte mehr von einer mythischen Märchenwelt an sich als die strengen und auf Wahrheit verpflichteten Gottesvorstellungen des jüdischen und christlichen Monotheismus. So wurde denn auch kaum ein Autor dafür bestraft, daß er locker und gelassen, gleichsam romanhaft über das Leben der Götter fabulierte. Verpflichtend war allein die Verrichtung von Kulthandlungen, vor allem im römischen Kaiserreich die Verehrung der göttlichen Caesaren. Gebildete Römer wußten dabei sehr wohl, daß die Kaiser keine Götter waren, jedenfalls nicht Unsterbliche. Und die Unsterblichkeit war ja die einzige Eigenschaft, durch die sich Götter von Menschen unterschieden.

In diese farbige Welt des römischen Polytheismus brach der jüdische und christliche Monotheismus als ein nicht assimilierbarer Fremdkörper ein. Hier waren erstmals religiöse Menschen, die ihren Glauben sehr ernst nahmen, die an die unerschütterliche Wahrheit der Offenbarung ihres Gottes glaubten und denen verboten war, fremden Göttern ihre Verehrung zu bezeugen. So friedlich sie sich auch im übrigen gaben, den Kaiserkult verweigerten sie standhaft. Sie wurden deshalb verfolgt und unterdrückt, nicht weil sie einem fremden Glauben anhingen, sondern weil sie ihrer »Staatsbürgerpflicht« – eben dem Kaiserkult – nicht nachkamen.

Erst im Jahr 313 gewährte der Kaiser Konstantin den Christen offiziell Toleranz. Ihr Glaubenseifer und ihre Standhaftigkeit hatte ihnen – auch unter Soldaten und vor allem unter einfachen Bürgern – so großes Ansehen verschafft, daß schließlich ihre Religion – unter Ausschluß aller anderen – zur offiziellen Staatsreligion erklärt wurde. Alsbald sollten sich die Nutznießer der Toleranz in intolerante Verfolger von »Abweichlern«, von »Häretikern« – wie der Arianer und Donatisten – verwandeln. Während der römische Senator Quintus Aurelius Symmachus (ca. 345–402) die Aufhebung heidenfeindlicher Maßnahmen vom Kaiser erbat und betonte, daß es mehr als einen Weg zur Wahrheit gebe, existierte für die Christen nur eine Wahrheit, nur ein Weg zum Heil. Sehr bald begann ein erbitterter Kampf um die »Reinheit der Lehre«. Die christliche Intoleranz war geboren.

Zu verhängnisvollen Konsequenzen führte diese dogmatische Intoleranz vor allem dadurch, daß geistliche und weltliche Macht eng miteinander verbunden waren. Die Aufrechterhaltung der hierarchisch strukturierten Gesellschaft des Mittelalters verlangte eine Legitimierung der Herrschaft. Diese war – in einer religiösen Welt – nur mit Hilfe der Religion zu gewährleisten. Unterdrückte Bevölkerungsteile benützten ihrerseits immer wieder religiöse Argumente, um ihre Interessen gegen die Machthabenden durchzusetzen. Häresien waren während des gesamten Mittelalters immer, oder doch fast immer, zugleich Ausdruck sozialer Unzufriedenheit. Ihre Verfolgung wurde zugleich von der geistlichen und der weltlichen Macht betrieben. Die katholische Kirche entwickelte sich im Laufe der Jahrhunderte aus einem Netzwerk mehr oder minder selbständiger Gemeinden in eine festgefügte, die ganze damalige »Welt« umspannende, hierarchische und bürokratisierte Organisation. Der Bischof von Rom, der Papst, trat in gewisser Hinsicht das Erbe der römischen Kaiser an.

In ihrer Selbstdarstellung führten die Kirche und der römische Bischof sich auf die direkte Einsetzung durch Gott zurück. Der Papst selbst galt und gilt als »Stellvertreter« Christi auf Erden. Auch wenn die Unfehlbarkeit des Papstes erst 1870 auf dem Ersten Vatikanischen Konzil dekretiert wurde, nahmen – vor allem die großen – Päpste schon immer eine erhebliche Machtfülle für sich in Anspruch. Über ihnen standen – nach älterer kirchenrechtlicher Auffassung – allerdings die Konzilien, die bekanntlich wiederholt dogmatische Entscheidungen zu fällen hatten, die anschließend für alle Mitglieder der Kirche verbindlich waren.

Da die geistliche Leitung der Seelen höher bewertet wurde als die weltliche der Leiber, nahm die Kirche und ihre Leitung auch eine Art Aufsichtsrecht über Könige und Fürsten für sich in Anspruch. Sie hielt sich für legitimiert, weltliche Machthaber abzusetzen und das Volk von seiner Gehorsamspflicht ihnen gegenüber zu entbinden. Aus dem Auftrag Jesu an Petrus »Weide meine Lämmer« (Johannes 21,16) wurde abgeleitet, daß der Papst ein oberstes Hirtenamt über die Christen auszuüben befugt sei. Aus dem Matthäus-Evangelium wurden die Worte Jesu »Du bist Petrus, und auf diesen Felsen will ich bauen meine Gemeinde, und die Pforten der Hölle sollen sie nicht überwältigen. Und ich will dir des Himmelreiches Schlüssel geben: alles, was du auf Erden lösen wirst, soll auch im Himmel los sein«, herangezogen, um dem »Nachfolger Petri«, dem

Papst, das Recht zuzuerkennen, in alle politischen, bürgerlichen und privaten Angelegenheiten einzugreifen.

Augustinus benutzte ein Zitat aus dem Lukas-Evangelium, um Zwangsmaßnahmen gegenüber Häretikern zu legitimieren. Das Gleichnis Jesu berichtet von einem Menschen, der ein »großes Abendmahl« bereitet hat, von den Geladenen aber eine Absage nach der anderen bekommt, so daß er schließlich seinen Knecht ausschickt: »Gehe schnell hinaus auf die Straßen und Gassen der Stadt und führe die Armen und Krüppel und Lahmen und Blinden herein.« Als aber immer noch nicht genügend Gäste beisammen sind, fügt der Herr den Befehl hinzu: »Gehe aus auf die Landstraßen und an die Zäune und nötige sie, hereinzukommen, auf daß mein Haus voll werde« (Lukas 14,20–24). Aus diesem letzten Satz – der in der Vulgata »compelle intrare« lautet, folgert Augustinus, daß es nicht nur erlaubt, sondern sogar geboten sei, Häretiker zur Rückkehr in die Kirche zu zwingen und Heiden zum Eintritt zu nötigen.

Im Zusammenhang gelesen geht die Tendenz dieses Gleichnisses sicher in eine völlig andere Richtung. Es geht hier um die nachdrückliche Unterstreichung des Engagements Jesu für die Armen, Bedrückten, Verachteten und eine Absage an die Hochmütigen, die es nicht nötig haben, einer freundlichen Einladung Folge zu leisten.

Augustinus betont in diesem Zusammenhang, daß die Häresie eine Abweichung vom Dogma und damit eine Zerrüttung der Seele bedeutet, die dem Menschen die ewige Verdammung bringen könne. Ein solcher, den Betreffenden selbst schädigender Irrtum dürfe daher – aus Menschenfreundlichkeit – nicht geduldet werden. Es dürfe keine »libertas erroris«, keine Freiheit zum Irrtum für die Seelen der Christen geben. Aus diesem Grunde müsse die weltliche Gewalt eingreifen, denn sie trage das »Schwert nicht umsonst« und sei als »Diener Gottes« verpflichtet, dessen »Zorn über die Übeltäter« zu bringen. Da Sünder und Häretiker die Kirche angreifen, habe diese das Recht und die Pflicht, sich zu verteidigen. Verfolgung und Unterdrückung seien gewiß ein Unrecht, wenn sie aus niedrigen Motiven des Verfolgers resultieren. Sie seien aber gut, wenn sie aus Liebe zu den Irrenden hervorgehen und helfen, ihn durch Zwang auf den »rechten Weg« zurückzuführen. Ein biblisches Beispiel dient auch hier zur Untermauerung der Argumentation. Die Verfolgung der Juden durch den Pharao war schlecht, denn seine Motive waren gottlos. Als Moses jedoch sein das Goldene Kalb anbetendes Volk strafte, geschah es aus Liebe und war gut. »Aus der Unterschiedenheit der Ursachen (Motive) resultiert der reale Unterschied.« Es sei daher auch nur gerecht, wenn ein Sünder von der geistlichen der weltlichen Obrigkeit überantwortet werde. Der gute Zweck ist es also, der das Mittel heiligt. Es gibt gerechte und ungerechte Verfolgungen.

Verhängnisvoll war dabei die Empfehlung des Heiligen Augustinus, Personen, die des Schismas und hartnäckiger Weigerung, der Häresie abzuschwören, überführt worden sind, zu enteignen. In der Zeit der Inquisition ist diese Maßnahme nicht selten zum zusätzlichen Motiv der Verfolgung geworden. Immer wieder betont Augustinus dabei, daß es im Grunde ein »Akt der Liebe« sei, wenn irrende Gläubige durch Zwang auf den Pfad der Rechtgläubigkeit zurückgeführt werden.

Thomas von Aquino, der die große Synthese der aristotelischen Philosophie mit der christlichen Dogmatik in seinen Summen vollzogen hat, vergleicht die päpstliche und die königliche (und kaiserliche) Macht mit der Herrschaft über die Seele und der über den Leib. Wie die Seele den Leib beherrschen soll, so steht der Papst über den Königen und dem Kaiser. Das oberste Ziel und der Sinn menschlichen Lebens ist die ewige Seligkeit; hierfür ist allein die Kirche und ihr Oberhirte zuständig. »Diejenigen, die mit den untergeordneten Lebenszielen befaßt sind (also die Fürsten und sonstigen weltlichen Machthaber), sind dem unterworfen, der mit dem höchsten Endzweck und dessen Leitung betraut ist.« Aus diesem Grunde sind die weltlichen Herren auch verpflichtet, im Auftrag der Kirche Ketzer und Häretiker zu verfolgen und zu bestrafen.

Der äußerste Punkt der Intoleranz wird mit der Inquisition erreicht, für deren Apologeten sogar der Feuertod noch eine Handlung der Liebe ist, weil durch die Verbrennung des Leibes eines Ketzers dessen unsterbliche Seele gerettet werden kann.

Theoretische Grundlage der kirchlichen Intoleranz ist in den genannten und allen anderen Fällen die Auffassung, daß es einer Institution und deren leitenden Personen zukomme, für alle anderen Menschen nicht nur das höchste Ziel des Lebens (die ewige Seligkeit) zu bestimmen, sondern auch festzulegen, welcher Weg allein zuverlässig zu diesem Ziele führt. Gegen diese Fremdbestimmung der Individuen durch äußere Autoritäten wenden sich zuerst die Individualisten und Spiritualisten unter den Christen – so etwa die frühen Mystiker und später die aufgeklärten Anwälte der Autonomie der Vernunft. Mieczylsa Maneli betont daher zu Recht, »daß religiöse und politische Toleranz unentbehrliche Mittel für die Erlangung individuellen Glücks sind, zugleich aber auch mehr als bloße Mittel. Die Beziehungen zwischen Freiheit, Toleranz und individuellem Glück sind so komplex, daß sowohl Freiheit als auch Toleranz zugleich als Zweck in sich selbst angesehen werden müssen.« Von einer solchen Erkenntnis sind wir im vorreformatorischen Abendland freilich noch weit entfernt.

Das Kapitel Intoleranz kann nicht geschlossen werden, ohne den – wenn auch nur kurzen – Hinweis auf die massenhaften Verfolgungen sogenannter »Hexen« und auf die Kreuzzüge, die vom Ende des 11. bis zum Ende des 13. Jahrhunderts unternommen wurden. Begründet als Befreiung des Heiligen Landes von muslimischer Herrschaft, wurden die Kreuzzüge wiederholt zum Anlaß brutaler Massaker an der zivilen Bevölkerung – so bei der Zerstörung Jerusalems und – schon auf dem Wege in den Nahen Osten – bei zahlreichen Pogromen. Kaiser und Papst, Fürsten und Ritter verfolgten dabei ihre – unterschiedlichen – politischen Machtinteressen. Die christliche Bevölkerung aber wurde mit Hilfe von

Feindbildern mobilisiert. Auf diese Weise gelang es vermutlich auch, heimische Unzufriedenheiten zu kanalisieren. Die hohe Kultur und die religiöse Toleranz islamischer Machthaber wurden verkannt und erst später von einigen Wahrheitsliebenden zur Kenntnis genommen.

Die Hexenprozesse und Hexenverfolgungen beginnen im Spätmittelalter und erreichen zwischen 1430 und 1540 systematischen Charakter. Hexerei wird jetzt kirchenrechtlich als Form der Ketzerei (»Teufelsbündnis«, »Teufelsbuhlschaft«) deklariert und von Inquisitionsgerichten verfolgt. Den grausigen Höhepunkt erreichen diese Verfolgungen erst zwischen 1590 und 1630, also in der Zeit nach der Reformation. Sowohl katholische als auch evangelische Länder werden von diesem Verfolgungswahn erfaßt, dem abertausende von Menschen – in der großen Mehrzahl Frauen – zum Opfer fallen. Daß diese Verfolgungswellen sozialpathologische und sozialpsychologische Ursachen haben, dürfte heute unumstritten sein. In den Frauen erblickten offenbar die »Männer der Kirche« Erbinnen vorchristlicher Traditionen und geheimer Fähigkeiten, die sie als »Bedrohung« ihrer Macht empfanden. In der letzten Phase kam der Wille der souveränen modernen Staaten zur perfekten Kontrolle der Bevölkerung hinzu, der sich Frauen partiell entzogen. Vermutlich spielte auch die Tatsache hierbei eine Rolle, daß »weise Frauen«, Hebammen und Kennerinnen der Volksmedizin über Mittel zur Abtreibung verfügten, die den auf Bevölkerungsvermehrung setzenden Regierungen unbequem waren. Unter den Kritikern des Hexenwahns sei nur der Theologe und Dichter Friedrich von Spee erwähnt, der in seiner »Cautio Criminalis« (1631) das Ende der Hexenverfolgung in Deutschland einleitete. Die letzte Hexenverbrennung fand allerdings noch 1793 in Posen statt! Von Spee war als Beichtvater zahlreicher, der Hexerei angeklagter Frauen in Berührung mit der Verfolgungspraxis seiner Zeit gekommen und hatte deren abscheuliche Lüge und Inhumanität erkannt.

Wie bei vielen anderen Verfolgungen und Feindvorstellungen spielte auch beim Hexenwahn eine panische Angst vor der unterstellten »Macht« von Hexen, Dämonen, Zauberern eine ausschlaggebende Rolle. Unwissenden, armen, von Not und Seuchen bedrohten Menschen konnte solche Angst leicht suggeriert werden. Daß auch ein so rationaler Kopf wie der Staatstheoretiker Jean Bodin (1530–1596), dessen »Sechs Bücher der Republik« (1576) den säkularen – Konfessionen gegenüber toleranten – modernen Staat erstmals umfassend konstruierte, 1580 eine »Démonomanie des sorciers« veröffentlichte, beweist, wie weit der Hexenwahn verbreitet war.

Ansätze religiöser Toleranz
im Reformationszeitalter und neue Intoleranz

Die Reformation übergibt den Christen die Bibel und orientiert sich allein an der Heiligen Schrift. Bis dahin hatte die katholische Kirche das Studium der Bibel dem Klerus vorbehalten und den Gläubigen lediglich bestimmte Bibeltexte vorgetragen und interpretiert. Luther schafft durch seine Bibelübersetzung und die Betonung des »allgemeinen Priestertums« den Unterschied von Laien und Priestern ab. Er befreit die Individuen zunächst und im Prinzip von der Bevormundung durch privilegierte Geistliche. Selbst der Ketzerei angeklagt und von Kirche und Reich verfolgt, ist es nur natürlich, daß er in seiner Frühzeit, bevor es ihm gelingt, einen Teil der Territorialherren für die Reform der Kirche zu gewinnen, Ketzerverfolgungen durch den weltlichen Arm ablehnt. So stellt er u. a. fest: »Ketzerei ist ein geistlich Ding, das kann man mit keinem Eisen hauen, mit keinem Feuer ausbrennen, mit keinem Wasser ertränken. Es ist aber allein Gottes Wort, das tut's.« Mit der Betonung des individuellen Gewissens und des innerlichen Glaubens macht Luther einen ersten wesentlichen Schritt in Richtung auf die Freiheit des Glaubens. Zugleich aber hält er an einer Verpflichtung auf die geoffenbarte Wahrheit und daran fest, daß ein irrendes Gewissen nicht toleriert werden darf. Verknüpft ist bei Luther die prinzipielle Verurteilung des irrenden Gewissens mit dem Gedanken, daß es eine autoritative Entscheidungskompetenz geben müsse, die über den Irrtum befindet, und er eröffnet damit der Verfolgung von Abweichungen im Glauben erneut Tor und Tür.

Als Luthers Reformwerk von den weltlichen Fürsten, die sich der Reformation (oft auch aus weltlichen Motiven) anschlossen, gefördert und damit von ihnen abhängig wurde, traten die individualistischen und spiritualistischen Elemente seiner Theologie zurück. Wo die von ihm vertretene Lehre von konkurrierenden Religionsgemeinschaften und Personen kritisiert oder abgelehnt wurde, bekämpfte er sie nicht nur in Wort und Schrift, sondern hielt auch die weltliche Obrigkeit dazu an, sie zu verfolgen. Luthers Einsicht in die »innere Freiheit« des echten Glaubens wurde zugleich von den Mystikern, Täufern und Spiritualisten aufgegriffen und gegen Luthers autoritäre Tendenz gewendet.

Der entschiedenste Ausdruck von Luthers Intoleranz war seine Schrift gegen die »mörderischen und räuberischen Rotten der Bauern« aus dem Jahr 1525. Die Aufständischen waren freilich nicht nur Häretiker oder Ketzer, sondern ihre Taten waren für ihn »äußere Abscheulichkeiten«, gegen die mit Feuer und Schwert vorzugehen Christenpflicht sei. Der scharfe Ton Luthers in dieser Streitschrift erklärt sich zum Teil aus der Tatsache, daß sich die Bauern auf die Bibel und damit zumindest auch auf den Reformator beriefen. Daher ist vermutlich vor allem die dritte der »greulichen Sünden«, die Luther aufzählt, für sein radikales Verdikt ausschlaggebend gewesen: »Dreierlei greuliche Sünden wider Gott und Menschen laden diese Bauern auf sich, daran sie den Tod verdient haben an Leib und Seele mannigfältiglich… Zum dritten, daß sie solche schreckliche, greuliche Sünde« (wie die Aufkündigung des Gehorsams gegen die Obrigkeit und die Plünderung von Klöstern und Schlössern) »mit dem Evangelio decken, sich christliche Brüder nennen, Eid und Huld nehmen und Leute zwingen, zu solchen Greueln mit ihnen zu halten.« Angesichts solcher greulicher Sünden »soll nun die Obrigkeit getrost fortdringen und mit gutem Gewissen dreinschlagen, weil sie eine Ader regen kann«. Wer auf der Seite der Obrigkeit fällt, ist »ein rechter Märtyrer vor Gott«, während die im Kampf umkommenden Bauern mit ihrem Leib auch die ewige Seligkeit verlieren. »Solch wunderliche Zeiten sind jetzt, daß ein Fürst den Himmel mit Blutvergießen verdienen kann, besser, denn andere mit Beten.« Und Luther scheut sich nicht, in diesem Zusammenhang auch taktische Ratschläge zu geben. Die Obrigkeit möge Bauern, die zum Mittun gezwungen worden seien und sich den Behörden ergeben, gnädig behandeln, um dadurch den Zusammenhalt der Aufständischen zu schwächen. Zur Rechtfertigung des Blutvergießens verweist der Reformator auf die Zerstörung von Sodom und Gomorrha, die doch wesentlich schrecklicher gewesen sei.

Ähnlich wie Luther verurteilte auch Zwingli evangelische Häretiker. In seiner Kritik an den Wiedertäufern stellt er fest, daß es sich nicht um die Taufe, sondern um Aufstand, Parteibildung, Häresie handele.

Kaum zu übersehen ist jedenfalls, daß solche Intoleranz bei den Reformatoren sich eher aus politischer Motivation als aus theologischer speist.

Die theologische Auseinandersetzung um die reformatorische Lehre, in der die Frage der Toleranz eine erhebliche Rolle spielt, läßt sich am besten durch die Differenzen zwischen Erasmus und Luther charakterisieren. Erasmus weist Luther nach, welche Widersprüche seine These von der totalen Unfreiheit des menschlichen Willens enthält. Wenn nämlich Menschen nichts durch ihren freien Willen tun können, sondern allein Gott in ihnen wirkt, dann gehen auch ihre Missetaten und Sünden aus Gottes Willen hervor, und es kommt zu der Paradoxie, daß Gott die Menschen für etwas straft, was im Grunde nur »er in ihnen getan hat«. Erasmus geht behutsam vor und bringt zunächst eine Fülle von Bibelstellen, die eindeutig für einen freien Willen und damit für die individuelle Verantwortung der Menschen für ihre Taten sprechen. Anschließend diskutiert er Stellen, mit deren Hilfe Luther seine These vom »unfreien Willen« begründet hatte, und zeigt, daß diese auch anders interpretiert werden können. Oft handle es sich um mehrdeutige und metaphorische Ausdrücke. Manche Bibelstellen aber seien so dunkel, daß sie einfach nicht eindeutig erklärt werden könnten. Hier müsse man auf sinnloses Weiterforschen verzichten. Endlich – und hier wird die Haltung des Humanisten Erasmus vollends deutlich – gebe es gewisse theologische Thesen, die – im Interesse des Friedens unter den Christen und im Hinblick auf das begrenzte geistige Vermögen der meisten Gläubigen – besser nicht diskutiert werden sollten. So würde er – Erasmus – z. B. auch dann für die Beibehaltung der Beichte eintreten, wenn es sich herausstellen würde, daß es für sie keinerlei biblische Anweisung gäbe: »Denn die meisten Sterblichen sind offenbar außerordentlich zu Schandtaten geneigt und werden nun immerhin durch den Beichtzwang zurückgehalten oder wenigstens in Schranken gehalten.«

Direkt auf Abweichungen vom »orthodoxen Glauben«, soweit sie keine zentralen Glaubenswahrheiten betreffen, bezieht sich die folgende Äußerung Erasmus': »Es gibt gewisse Krankheiten des Körpers, die zu ertragen weniger schlimm ist als ihre Beseitigung, so etwa, wenn jemand sich in dem noch warmen Blut abgeschlachteter Kinder wäscht, um vom Aussatz frei zu werden.« So gebe es gewisse Irrtümer, die man besser nicht beachten solle, um nicht, indem man sie auszumerzen suche, noch größeres Unheil anzurichten. – Kurz vor dieser Bemerkung hatte Erasmus die Debatten um die Trinität und die unbefleckte Empfängnis der Gottesmutter als Beispiel für solch müßiges Fragen erwähnt, die lediglich zu einer »großen Einbuße an Eintracht« geführt hätten, der Liebe unter den Menschen aber nicht förderlich gewesen seien.

Bei aller Sympathie für die freiheitlichen Aspekte der Reformation bleibt Erasmus in kritischer Distanz zu Luther und tritt in der Frage der Willensfreiheit für eine humanistische »Lösung« ein. Die göttliche Gnade ist zum erfolgreichen Gelingen einer guten Handlung sehr wohl nötig, aber der freie Wille des Menschen, der ihm zugerechnet werden muß, darf ebensowenig fehlen. Die Absicht Luthers, den Hochmut und die Eitelkeit der Menschen zu bekämpfen, könne ebensogut durch diese Auffassung erreicht werden, ohne daß aus ihr die »fälschliche Anklage« gegen Gott abgeleitet werden könne, er sei grausam und ungerecht, oder daß man die Menschen trostloser Verzweiflung preisgebe. Beides aber erscheint Erasmus als Folge der Lutherschen These möglich.

Auf ein ganz anderes interessantes Beispiel für christliche Toleranz hat u. a. Lotte Blaschke in ihrem Essay »Der Toleranzgedanke bei Sebastian Franck« hingewiesen. In Sebastian Francks Glauben verbindet sich spiritualistische Mystik mit Einflüssen des Humanismus, und früh klingen hier rationalistische Vorstellungen an. Christentum ist für Franck nichts anderes als »ein freier aufrichtiger Glaube, der durch die Liebe wirkt, ausbricht und Frucht bringt«. Hierfür sind äußerliche Kulthandlungen und kirchliche Organisationen letztlich entbehrlich. Franck hält daher seinen »spiritualistischen« Kirchenbegriff »mit seinem Ideal des freien und selbstwilligen Zusammenschlusses der Mitglieder« den bestehenden Kirchen auf christlichem Boden entgegen und findet hier die Argumente gegen die Anwendung jeglicher kirchlicher Zwangsgewalt. Zu wahrem Glauben kann eine massenhafte, mit Nachdruck erfolgende Bekehrungskampagne nicht führen, denn unter solchen Umständen »glaubt ein jeder dem Haufen und der Obrigkeit zuliebe«, und mit dem Glaubenswechsel des Fürsten folgt ihm der »große Haufen« ohne innere Überzeugung nur nach.

Gegenüber seinen Zeitgenossen zeichnet sich Franck dadurch aus, daß er den Toleranzbegriff »auf die ganze Menschheit ausdehnt«. Das geschieht mit Hilfe des Gedankens der Wiedergeburt im Geiste Christi«, die allen Menschen – auch den Nichtchristen – möglich sei. In seinem Buch, die »Goldene Arche« (Guldin arch), schreibt er: »Ein geborner Deutscher ist von Natur gleich wie ein Türk, Heid etc. und nicht eines Lots besser oder böser. Die leibliche Geburt tut nichts zu diesem Handel. Es sind alles zumal Menschenkinder und haben einen unparteiischen gleichen Werkmeister Gott, der keine Person ansiehet. Also ist der beste Mensch Türk oder Heide von Natur ebenso wohl ein Mensch und so gut gemacht als Sankt Peter. Sankt Peter aber hat den Menschen (den ›alten Adam‹) ausgezogen, und ihm selbst Gewalt angetan, ist dem Zug des Vaters gefolgt, und darum allein ist er jetzt besser dann ein Mensch, weil er den aus und einen besseren (den ›neuen Menschen‹ in der Nachfolge bzw. der Wiedergeburt im Geiste Christi) angezogen hat.« Diesen göttlichen Geist, das »innere Wort«, haben die Heiden unter dem Namen der Vernunft und des »Lichtes der Natur« schon gekannt und besessen. Aufgrund dieser Annahme ist es nicht mehr möglich, Heiden, Juden oder Türken ohne weiteres als Glaubensfeinde zu bekämpfen, da ja »Christus innerlich in ihnen leben kann, ob sie schon äußerlich Heiden, Juden, Türken oder Christen genannt werden. Wer nur recht und wohl lebt, den laß dir ein rechter Bruder, Fleisch und Blut sein in Christo.« Da jeder Mensch – auch ohne die Vermittlung der Kirche – zu Christus gelangen kann, ganz gleich welcher Religionsgemeinschaft er angehört, gibt es auch keine Begründung mehr für die Verfolgung von Häretikern oder abtrünnigen Gemeinden.

Franck hat sich auch direkt gegen die Ketzerverfolgung gewandt, der bis zum Jahr 1531 allein auf evangelischer Seite mehr als zweitausend Menschen zum Opfer gefallen seien. Die Anlässe für diese Verfolgungen und Verurteilungen wären oft ganz geringfügiger Art. Christen aber seien hier gegen Christen weit härter vorgegangen als Heiden jemals gegen Christen. »Jetzt schleift man einen gerad vors Gericht, der nun etwann den Mund auftut und einem Artikel etwas zweifelnd sich merken ließ, ja nun um einen Taubendreck – jetzt wann einer nur just wider die Ordnung der Kirchen und alt Herkommen – nun mit ihm dahin.« Was Franck als »Taubendreck« bezeichnet, das waren freilich für die streitbaren Theologen beider Konfessionen höchstbedeutsame Angelegenheiten. Für Franck ist dagegen allein das »wahr«, was »vor dem individuellen religiösen Erlebnis« als Geist der Schrift erfahren worden ist.

Damit wird der Anspruch der organisierten und die Dogmen verwaltenden Kirche vollends verworfen. Nur diejenigen werden von Franck als »Ketzer« verurteilt, die, wie die »Schwärmer« in Münster, das Gotteswort »fleischlich« auslegen und »mit dem Schwert ihr Gottesreich errichten wollen«. Im übrigen leben die »wahren Gläubigen« als einsame, welt-verlassene Menschen, die oft selbst als »Ketzer« verfolgt werden. In sei-ner »Ketzerchronik« geht Franck mit großem Einfühlungsvermögen der Geschichte der Verfolgung dieser »Außenseiter« nach und liefert gera-dezu eine Umwertung bisheriger Betrachtungsweisen. Wer Ketzer ge-nannt wird, so seine Erkenntnis, das hängt meist vom Standpunkt und vom Interesse des Urteilenden ab. Wenn z. B. die Böhmen urteilen soll-ten, »sie würden vielleicht Johannem Huß in der Heiligen Zahl, den Papst und alle seine Apostel etc. an seiner Statt in der Ketzer Register zählen«. Daraus folgt, daß es keinen absoluten Maßstab für die Ketzerverurteilung gibt, da sich die Menschen, die vielerlei Formen des Glaubens angenom-men haben, stets irren können. Wenn aber alle Irrtümer mit dem Tode bestraft werden sollten – so Francks Folgerung in der Ketzerchronik –, »wen will man lassen leben, weil wir alle in vielen Stücken fehlen und uns nicht viel abgeht, auch alle nicht alles wissen«.

Schon zu seiner Zeit hatten Sebastian Francks Toleranzthesen Einfluß auf den schweizerischen (aus Frankreich stammenden) calvinistischen Theologen Sébastien Castellio (Chatelion), der sich nach der Verbren-nung Servets 1553 von Calvin lossagte und pseudonym die Schrift »De haereticis an sint persequendi« veröffentlichte, um ihr 1554 eine zweite mit dem Titel »De haereticis non puniendis« folgen zu lassen.

Das Schicksal des Servetius illustriert noch einmal die Intoleranz so-wohl der katholischen wie der reformatorischen Kirchen. Der spanische Arzt und Theologe Servetius oder Michel de Vilanueva hatte die Tritini-tätslehre und die Göttlichkeit Jesu in Frage gestellt und war vor der spani-schen Inquisition nach Genf geflohen, wo er Asyl zu finden hoffte. Da er jedoch auch die »Institutio Christianae Religionis« des Calvin angriff, wurde er dort verurteilt und 1553 als Ketzer verbrannt.

Toleranz aus Staatsklugheit und um der Gewissensfreiheit willen. Kontinentale Entwicklungen

Die Reformation und die Spaltung der Kirche hatte heftige und blutige Auseinandersetzungen im Gefolge, die keine der kämpfenden Seiten ein-seitig zu ihren Gunsten zu entscheiden vermochte. So kam es 1555 zum Abschluß des sogenannten Augsburger Religionsfriedens, der den welt-lichen Reichsständen und der reichsunmittelbaren Ritterschaft – soweit sie Lutheraner geworden waren oder wurden – die Religionsfreiheit zu-billigte und in ihrem Besitz beließ. Ihre jeweiligen Untertanen hatten ih-nen jedoch nach dem Grundsatz »cuius regio, eius religio« (»Wes das Land, des der Glaube«) zu folgen. Geistliche Fürsten, die zum Luthertum konvertierten, verloren ihr kirchliches Amt und damit zugleich ihr Reichslehen. Für die Untertanen hatte diese Regelung statt Toleranz Glaubenszwang zur Folge, der nur durch das sogenannte »privilegium emigrandi«, das Recht, das Land zu verlassen, um sich in eines zu begeben, dessen Obrigkeit dem eignen Glaubensbekenntnis angehörte, gemildert wurde. Wie der deutsche Staatsrechtslehrer D. Th. Reiningk (1590–1664) feststellte, gab es eine »necessitas emigrandi« dabei im allgemeinen für diejenigen nicht, die damit zufrieden waren, ihre Religionsausübung im häuslichen Rahmen und außerhalb der Öffentlichkeit zu praktizieren.

Schwieriger war die Lage der calvinistischen Minderheit im französischen Königreich. Um die Reichseinheit durch die konfessionelle Homogenität zu zementieren, wurden die sogenannten Hugenotten in mehreren Kriegen zwischen 1562 und 1580 bekämpft, konnten sich jedoch – nicht zuletzt wegen ihrer hochadligen Gönner und militärischen Anführer – trotz wiederholter Niederlagen politisch behaupten. Während des berüchtigten Massakers der »Bartholomäusnacht« des Jahres 1572 kamen in Paris etwa 3000 und in der Provinz 20000 Hugenotten ums Leben. Nach einem weiteren, 1585 ausgebrochenem bewaffneten Konflikt, kam Heinrich IV., der selbst Hugenotte gewesen war, auf den Thron. Er trat zum Katholizismus über, weil er annahm, daß ein überwiegend katholisches Land auch einen katholischen Herrscher haben müsse (»Paris vaut bien une messe«). In dem Toleranzedikt von Nantes aus dem Jahre 1598 gewährte er seinen hugenottischen Landsleuten – aus Staatsklugheit – das Recht auf freie Religionsausübung. Die im Edikt von Nantes gewährte Freiheit der Religionsausübung für die Untertanen des »sogenannten reformierten Glaubens« war freilich in mehrfacher Hinsicht begrenzt. Sie durften ihre Religion nur in ihnen zugewiesenen und ihnen gehörenden Häusern ausüben, mußten die katholischen Feiertage und Gesetze (hinsichtlich Ehescheidung, Verwandtenehe usw.) einhalten und weder am Hofe noch in Paris und innerhalb eines Umkreises von fünf Meilen um die Hauptstadt Gottesdienste abhalten. Bei den Armeen waren Gottesdienste lediglich im Stabsquartier der obersten Befehlshaber, die sich zum reformierten Glauben bekannten, zugelassen. Dagegen sollten Reformierte zu allen Ämtern, Schulen, Universitäten, Hospitälern usw. gleichberechtigt zugelassen werden. Zweck des Ediktes war es, »keinen Anlaß zu Unruhen und Streitigkeiten zwischen Unseren Untertanen bestehen zu lassen«. Dabei wurden zwar die Wünsche der calvinistischen Minderheit berücksichtigt, zugleich aber die katholischen Feiertage und Gesetze festgehalten. Wie die meisten der von Fürsten erlassenen Toleranzgesetze nimmt auch dieses Rücksicht auf die Vorurteile der Bevölkerungsmehrheit. Die gleichfalls im Toleranzedikt von Nantes den Hugenotten zugesicherten »places de sûreté«, an denen sie vor Verfolgungen sicher sein sollten, wurden schon 1629 durch Kardinal Richelieu widerrufen. 1685 hob Ludwig XIV. das

Edikt wieder auf und veranlaßte dadurch einen Massenexodus von etwa 500 000 meist hochqualifizierten und gebildeten Bürgern.

Die Aufhebung des Ediktes von Nantes gab dem Großen Kurfürsten die Chance, durch ein eigenes Toleranzedikt einen großen Teil der Hugenotten nach Brandenburg zu locken. Ob dabei die Solidarität mit den reformierten Glaubensbrüdern oder Staatsklugheit verknüpft mit ökonomischem Denken den Ausschlag gegeben hat, ist schwer zu entscheiden. Immerhin mußte der Fürst seinen mehrheitlich lutherischen Untertanen die Toleranz gegenüber den französischen Reformierten nachdrücklich befehlen.

Die Zurücknahme des Toleranzediktes von Nantes durch den mächtigen französischen König löste ein europaweites Echo aus. Frankreich hat es nicht nur wirtschaftlich, sondern auch politisch geschadet. Die Flüchtlinge trugen zum Wohlstand und zur Stärke der Aufnahmeländer bei. Die Lehre, die aufgeklärte Fürsten daraus zogen, war die »Nützlichkeit der Toleranz« für den Staat. Aber auch zeitgenössische Denker reagierten. Aus dem Entzug gewährter Toleranz erwuchs eine vertiefte und radikalisierte Begründung der Notwendigkeit von Toleranz. Als John Locke 1689 seinen »Brief über Toleranz« veröffentlichte, hatte er nicht nur die britischen, sondern auch die kontinentalen Verhältnisse vor Augen. Pierre Bayle (1647–1706), der aus Frankreich fliehen mußte, um sich Verfolgungen zu entziehen, hatte sich schon zuvor – 1682 – in seinen »Gedanken über den Kometen, der im Monat Dezember 1680 erschienen ist« und 1685 in der Schrift »Das gänzlich katholische Frankreich unter Ludwig dem Großen« für entschiedene religiöse Toleranz des Staates eingesetzt. Er setzte seinen Kampf für Gewissensfreiheit in seinem »Dictionnaire historique et critique« (1696–97) fort und griff die zur Rechtfertigung des Zwanges gegenüber »Andersgläubigen« herangezogene Interpretation des »compelle intrare« kritisch auf. Seiner Zeit weit vorauseilend, schloß er als erster neuzeitlicher Denker auch Atheisten in den Kreis der von der Obrigkeit zu tolerierenden Personen ein. Seiner radikalen Haltung wegen wurde er auch in Holland, wohin er geflohen war, von dem gleichfalls emigrierten hugenottischen Theologen Pierre Jurieu (1637–1713) scharf angegriffen und bei den Behörden denunziert. Bayle stellt nicht nur fest, daß religiöser Glaube keinerlei Zwang verträgt, sondern auch, daß es kein objektives Kriterium für die Überprüfung subjektiver Evidenzüberzeugungen gibt. »Die Evidenz ist eine relative Qualität.« Dann aber kann nur das individuelle Gewissen legitime Entscheidungsinstanz für die Wahrhaftigkeit einer Überzeugung sein. Unterschiedliche Überzeugungen religiöser Menschen stehen unvermittelbar und unentscheidbar gegeneinander. Damit aber ist der Obrigkeit die Legitimität für das Einschreiten in Religionsstreitigkeiten entzogen. »Alles, was uns ein recht erleuchtetes Gewissen zur Beförderung der Wahrheit zu tun erlaubt, das erlaubt uns auch ein irrendes Gewissen für das zu tun, was wir für Wahrheit halten.« Die Entscheidung darüber, wann ein individuelles Gewissen irrt, kann und darf nicht bei der Obrigkeit liegen. Dem Anspruch einer offiziellen Religion ist damit die Grundlage entzogen. Gotteslästerung kann kein Delikt mehr sein, es sei denn, man könnte feststellen, daß der Lästernde gegen seine eignen Überzeugungen von Gottes Wirklichkeit sich äußert. Das aber kann »von außen« niemand mit Gewißheit feststellen.

Bayle macht das individuelle Gewissen zur einzigen legitim normsetzenden Instanz. Diese These impliziert die Annahme, daß die göttliche Offenbarung zu undeutlich ist und daß die Wahrhaftigkeit des individuellen Bekenntnisses höher bewertet werden muß als eine dogmatische Bibelinterpretation oder Kirchenlehre, die auf allgemeine Übereinstimmung unter den Bekennern dringt. Indem dem individuellen Gewissen das Recht auf Irrtum eingeräumt wird, ist der Weg freigemacht für allgemeine Toleranz, die auch an den Grenzen des Christentums nicht haltmacht. Für Katholiken freilich, die ihrerseits anderen Bekenntnissen gegenüber unduldsam sind, läßt Bayle ebensowenig wie John Locke das Toleranzgebot gelten. Wer selbst intolerant ist, so seine These, dem kann auch keine Toleranz gewährt werden.

In Deutschland ist es Christian·Thomasius, der an der neugegründeten brandenburgischen Landesuniversität erstmals Vorlesungen in deutscher Sprache abhielt, der – zusammen mit seinem Schüler Enno Rudolph Brenneysen – in einem Buch über »das Recht evangelischer Fürsten in theologischen Streitigkeiten...« aus dem Jahre 1699 Kritik übt am landesherrlichen Recht auf Eingriff in innerkirchliche Angelegenheiten. Statt als summus episcopus die Landeskirche zu beherrschen, soll sich der Fürst als Schutzherr für das Lebensrecht aller – auch der dissentierenden, nicht privilegierten Kirchen und Religionsgemeinschaften – verstehen. Hierfür stellen die beiden Verfasser eine Anzahl von Thesen auf, die zugleich die Kapitel ihrer Schrift markieren. Die wichtigsten dieser elf Thesen sind:

1. »Zu Ruhe und Frieden in dem gemeinsamen Wesen ist es nicht nötig, daß die Untertanen einerlei Religion zugetan seien!«

2. »In Religionsstreitigkeiten ist das beste Mittel die Toleranz der Dissentierenden.«

3. »Die Pflicht eines Fürsten als Fürsten besteht darin, daß er den äußerlichen Frieden in seinem Staat erhalte...«

Es sei auch nicht Aufgabe des Fürsten (4.), »wenn seine Untertanen einer falschen christlichen Religion zugetan sind, dieselben zu der wahren seligmachenden zu bringen und zu führen«. Auch dürfe er nicht Entscheidungen von Theologen oder Konzilien seinen Untertanen »aufdringen« (9.). Dagegen habe »ein Fürst das Recht, mit gebührenden Zwangsmitteln zu verhindern, daß die Streitigkeiten (der Theologen und Kirchen) den äußerlichen Frieden... turbieren«. Um solche, die öffentliche Ruhe störenden Streitigkeiten beizulegen, darf z. B. der Fürst einen Pfarrer, der von seiner Gemeinde abgelehnt wird, weil er – entgegen seinem früheren Bekenntnis – von der von ihm erwarteten Lehrmeinung abweicht, absetzen. Er kann ihn aber auch – wenn die Vorwürfe der Gemeinde unbegründet sind – gegen seine Gemeinde in Schutz nehmen. Entscheidend bleibt in allen Fällen seine Pflicht, für eine friedliche Koexistenz unterschiedlicher Bekenntnisse Sorge zu tragen. Während der Große Kurfürst als »summus episcopus« der Landeskirche sich noch für befugt hielt, bis in die Substanz von Bekenntnisschriften und Gottesdienstordnungen einzugreifen, tritt Thomasius ganz eindeutig für eine Trennung staatlicher und kirchlicher Angelegenheiten ein und geht damit weit über die sonst herrschende Lehre seiner Zeit hinaus.

Theoretisch gehen die Äußerungen zur Toleranz eines Friedrich des Großen nicht über die Position des Christian Thomasius hinaus. Sie sind jedoch bemerkenswert, weil sie zugleich die innere Distanz des aufgeklärten Monarchen gegenüber aller Religion, jedenfalls aller kirchlich geprägten Religiosität, deutlich erkennen lassen. Es ist Friedrich offenbar nicht schwer gefallen, »jeden nach seiner Façon selig werden zu lassen«. Ähnlich wie sein zeitweiliger Freund und Bewunderer Voltaire hatte er ein nüchtern-distanziertes Verhältnis zur Religion und war wohl überzeugt, daß Kirchenglauben – ganz gleich welcher Art – allein für das einfache Volk als Disziplinierungsmittel ganz nützlich, vielleicht sogar unentbehrlich ist, für freie und aufgeklärte Geister aber eher hinderlich.

In seiner Antwort auf die Anfrage des preußischen Generaldirektoriums aus dem Jahr 1740, ob ein Katholik Bürgerrecht im Lande erwerben könne, schrieb Friedrich: »Alle Religionen sind gleich gut, wenn nur die Leute, so sie professieren, ehrliche Leute sind. Und wenn Türken und Heiden kämen und wollten das Land peuplieren, so wollen wir ihnen Moscheen und Kirchen bauen. Ein jeder kann bei mir glauben, was er will, wenn er nur ehrlich ist.«

Nicht weniger deutlich als in seiner Antwort auf das Generaldirektorium ist Friedrich in seinem »Fürstenspiegel« für den jungen Herzog Karl Eugen von Württemberg. Dort kommt auch deutlich der Skeptizismus des Königs zum Ausdruck: »Überlassen Sie die geistliche Religion dem höchsten Wesen. Wir sind allesamt Blinde über diesen Gegenstand und durch manche Irrtümer Betörte. Wer unter uns ist so verwegen zu behaupten, er kenne den rechten Weg? Hüten Sie sich also vor dem Fanatismus in der Religion, der zu Verfolgungen führt. Wenn elende Sterbliche vor dem höchsten Wesen Gefallen finden können, so nur durch die Wohltaten, die sie unter den Menschen verbreiten, nicht aber durch Gewalttaten, die sie gegen Starrköpfige begehen. Selbst wenn die wahre Religion, die Menschlichkeit nämlich, Sie nicht zu diesem Verhalten verpflichtete, muß Ihre Politik es tun, denn alle Ihre Untertanen sind Protestanten. Durch Toleranz werden Sie von ihnen angebetet werden; durch Verfolgung werden Sie ihre Abscheu werden.«

Toleranz ist hier nicht nur Gebot der Staatsklugheit, sie ergibt sich aus einer konfessionellen Indifferenz, die nur eine »Religion der Menschlichkeit« anzuerkennen gewillt ist, die Agens und Movens sittlichen Verhaltens bildet.

Aber auch wenn Württemberg ein protestantisches Land ist, gibt es doch »wenige Länder, in denen die Bürger in Sachen der Religion gleich denken; ihre Meinungen sind oft ganz verschieden; und es gibt andere, die man Sektierer nennt. Es erhebt sich nun die Frage: ist es nötig, daß alle Bürger gleich denken, oder kann man jedem erlauben zu denken, was ihm beliebt? Da sind zunächst düstere Politiker, die uns sagen: Alle müssen die gleiche Meinung haben, damit die Bürger durch nichts getrennt sind. Der Theolog fügt hinzu: Alle, die nicht denken wie ich, sind verdammt, und es ziemt einem Fürsten nicht, ein König von Verdammten zu sein; man muß sie also in dieser Welt verbrennen, damit sie in jener umso besser dran sind. Darauf ist zu antworten, daß eine Gesellschaft niemals gleich denken wird; daß sich die meisten Christen Gott nur unter menschlicher Gestalt vorstellen können; daß bei den Katholiken die große Menge Götzendienst treibt, weil man mir nie einreden wird, daß ein Bauer den Gottesdienst und den Dienst der Maria oder der Heiligen unterscheiden kann; er betet gläubig das Bild an, vor dem er kniet. Es gibt also eine große Zahl Ketzer in allen christlichen Sekten. Überdies glaubt jeder, was ihm wahrscheinlich ist. Man kann einen armen Teufel mit Gewalt zwingen, eine bestimmte Formel herzusagen, der er innerlich nicht zustimmt; so hat der Verfolgte nichts gewonnen.« Friedrich faßt hier bekannte Argumente gegen Zwang auf religiösem Gebiet zusammen, wie sie z. B. von Spinoza und John Milton schon weit früher formuliert wurden. Bemerkenswerter sind die folgenden Ausführungen, in denen Friedrich auf das Wesen eines Herrschafts- oder Unterwerfungsvertrages rekurriert, um sein eigenes Regime zu legitimieren: »Aber wenn man zum Ursprung der Gesellschaft zurückgeht, ist nicht der geringste Zweifel, daß der Herrscher kein Recht über die Denkart der Bürger hat. Müßte man nicht verrückt sein, wenn man sich vorstellen wollte, Menschen hätten zu einem Menschen ihresgleichen gesagt: Wir erheben Dich über uns, weil wir gern Sklaven sind, und wir geben Dir die Macht, unsere Gedanken nach Deinem Willen zu lenken? Sie haben im Gegenteil gesagt: Wir brauchen Dich, damit Du uns weise regierst, damit Du uns verteidigst; im übrigen verlangen wir, daß Du unsere Freiheit respektierst. Dieses Urteil ist gesprochen, es gibt keine Berufung dagegen, und diese Toleranz ist den Gesellschaften, in denen sie eingeführt ist, so vorteilhaft, daß sie das Glück des Staates ausmacht. Seit jeder Kultus frei ist, ist alle Welt ruhig: wohingegen die Verfolgung die blutigsten, längsten und verheerendsten Bürgerkriege hervorgerufen hat. Das geringste Übel, das die Verfolgung erzeugt, ist die Auswanderung der Verfolgten, Frankreich hat Provinzen gehabt, deren Bevölkerung zurückgegangen ist und die den Widerruf des Ediktes von Nantes heute noch spüren.«

Das Bild der religiösen Toleranz im 16., 17. und 18. Jahrhundert wäre freilich sehr einseitig, wollte man es auf die brandenburgisch-preußischen

Fürsten beschränken. Ohne Anspruch auf Vollständigkeit erheben zu wollen, will ich daher wenigstens noch kurz auf die Toleranz der Fürsten in Siebenbürgen und Polen sowie auf das Toleranzedikt Josephs II. für Österreich hinweisen.

Polen war im 16. und 17. Jahrhundert nicht nur das Land der Adels-Demokratie und des kodifizierten Widerstandsrechtes, sondern auch ein Staat mit sehr weitgehender Religionsfreiheit. Die religiöse Toleranz wurde bereits vor der Reformation durch das Vorhandensein von adligen »Citoyens« griechisch-orthodoxen Glaubens nahegelegt und durch das Wahlrecht des versammelten Adels notwendig gemacht. Während in den übrigen europäischen Staaten der Adel einen Bevölkerungsanteil von 0,3 bis maximal 1 % ausmachte, waren in Polen mindestens 8 % der Familien adlig. Zwar gab es unter den womöglich mehr als 700000 Adligen eine große Anzahl extrem armer Besitzer kleiner und kleinster Güter sowie völlig Besitzlose, aber rechtlich waren sie doch alle zur Teilnahme an der Königswahl legitimiert und sollten sich untereinander – unbeachtet der im übrigen Europa streng geltenden Ränge vom einfachen Adligen bis zum Fürsten und Herzog – als gleichberechtigte »Brüder« anerkennen. Um dem Land innere Unruhen zu ersparen, bemühten sich schon die Könige aus der Dynastie der Jagiellonen um einen interkonfessionellen Ausgleich und behandelten die griechisch-orthodoxe Kirche als eine selbständige Religionsgemeinschaft, die das Recht hatte, ihre Angelegenheiten nach eigenen Grundsätzen zu verwalten. Ohne ihre Zugehörigkeit zur römisch-katholischen Kirche in Frage zu stellen, gewährten sie später auch den Protestanten Religionsfreiheit. In der 1573 abgeschlossenen Warschauer Konföderation gelobten die »dissidentes de religione«, untereinander Frieden zu halten und sich in keiner Weise gegenseitig zu schädigen. Damals wurde der Dissidentenfrieden sogar ausdrücklich in den Krönungseid des Königs aufgenommen, dessen Macht dadurch erheblich eingeschränkt wurde. Dieser Krönungseid der polnischen Monarchen war das beneidete Vorbild aller Kritiker des Absolutismus in Frankreich – namentlich der calvinistischen Monarchomachen François Hotman (1524–1590), Hubert Languet (1518–1581) und des vermutlichen Mitverfassers der Schrift »Vindiciae contra tyrannos« (1579) Duplessis-Mornay (1549–1623). Polen galt ihnen damals als »das gelobte Land des Religionsfriedens«. Dazu trug nicht nur der »Dissidentenfrieden« bei, sondern auch das ausdrücklich im Krönungseid verbriefte Widerstandsrecht des Adels, der im Grunde der polnische Souverän war. Die Toleranz der polnischen Krone umfaßte dabei sogar Religionsgemeinschaften, die überall sonst in Europa verfolgt wurden: »Orthodoxe, Armenier, Böhmische Brüder, Mennoniten« und sogar »Arianer, Wiedertäufer, Osiandristen, Ebioniten und alle Art sonstiger Antitrinitarier«, wie ein englischer Botschafter aus Polen empört berichtete.

Unter den polnischen Herrschern, die den Religionsfrieden wahrten und Toleranz gewährten, sticht Stefan Batory hervor (1576–1586 König von Polen). Batory wurde von der Adelsversammlung unter anderem deshalb gewählt, weil er schon zuvor, als Fürst von Siebenbürgen, den Beweis für seine religiöse Toleranz erbracht hatte. Das zwischen Konstantinopel und Wien liegende Land konnte von keiner der beiden Mächte unterworfen werden, und so konnten sich an seiner Spitze einheimische Fürsten halten. Diese mußten jedoch das Gleichgewicht unter den verschiedenen religiösen Gemeinschaften zu wahren suchen, wenn dem Land der innere Friede erhalten bleiben sollte. Das labile Gleichgewicht zwischen westlichem und griechischem Katholizismus trug dazu bei, daß sich auch die Reformation frei entfalten konnte. Neben den geschlossen zum Luthertum konvertierenden »Sachsen« waren die Magyaren mehrheitlich Calvinisten und Unitarier geworden, die Szekler blieben katholisch und die rumänische Bevölkerung griechisch-orthodox. Auf dem siebenbürgischen Landtag in Thorda wurde 1568 festgelegt, daß es »niemandem gestattet werden solle, jemanden mit Gefangenschaft oder Entziehung seiner Stelle wegen seiner Lehre zu bedrohen, da der Glaube Gottesgeschenk ist«. So an weitgehende religiöse Toleranz gewöhnt, schien Batory (Stefan I.) den polnischen Wählern die Gewähr dafür zu bieten, daß er auch in Polen – gemäß dem Krönungseid – verfahren würde. Die weitgehende religiöse Toleranz bedeutete freilich noch nicht jene volle Religionsfreiheit, wie sie im 19. und 20. Jahrhundert verstanden wird. Stefan Batory war – gerade wegen des »Dissidentenfriedens« – mehrfach genötigt, die Interessen unterschiedlicher Bevölkerungsteile gegeneinander auszubalancieren und Minderheiten – auf Wunsch von wohlhabenden Mehrheiten – Beschränkungen aufzuerlegen. So z. B. den Lemberger Ruthenen, deren Handelsprivilegien er anläßlich seines Besuches in der Stadt auf den »Warenverkauf nach Waage und Elle« – also auf den Kleinhandel – einschränkte. Ohne evangelische oder katholische Belange einseitig zu fördern, versuchte er, mit einigem Erfolg beiden nur soweit entgegenzukommen, wie es ohne Beeinträchtigung der jeweils anderen Seite möglich war. Unter seiner Herrschaft wurden die evangelischen Christen wegen ihrer Religionszugehörigkeit nicht von den hohen Staatsämtern ausgeschlossen, während Sigismund III. (1587–1632), aus dem schwedischen Herrscherhause Wasa, bei der Vergebung hoher Staatsämter Katholiken systematisch bevorzugte, um den Einfluß der Protestanten zurückzudrängen.

Aber auch wenn Sigismund III. sich anstrengte, seine Herrschaft gegenüber dem Adel und dessen Parlament zu festigen, mußte er doch 1609 in einem Verfassungsartikel das Widerstandsrecht, den »Articulus de non praestanda oboedientia« endgültig legitimieren.

Nüchterne Staatsklugheit spricht aus dem Toleranzedikt, das Joseph II. 1781 für Österreich erließ. Ähnlich wie im Edikt von Nantes (1598) ist Joseph II. darum bemüht, den »accatholischen Untertanen« zwar »ein ihrer Religion gemäßes Privatexercitium... zu verstatten«, gleichzeitig aber möchte er der katholischen Mehrheit nicht zu viel Toleranz abnötigen. So dürfen die »Accatholischen« »kein Geläut, keine Türme und keinen öffentlichen Eingang von der Gasse« her zu ihren Gotteshäusern haben. Dagegen sollen sie zu allen »Bürger- und Meisterrechten, zu akademischen Würden und selbst zu Civil-Diensten unbedenklich zugelassen werden«. Das »Toleranzpatent« selbst soll – offenbar um Widerstand von Seiten der Mehrheit zu umgehen – nicht öffentlich bekanntgemacht werden. Auch sollen Statuten usw. nicht ausdrücklich geändert, sondern die gebotenen Zulassungen nichtkatholischer Untertanen zu Berufen und Ämtern »von Fall zu Fall« – im Sinne dieses Patents – entschieden werden.

Ähnlich wie beim Toleranzedikt Heinrichs IV. geht auch Joseph II. bewußt über die Bereitschaft zur Toleranz hinaus, die er bei der Bevölkerung voraussetzen konnte. Gestützt auf die staatliche Bürokratie – aber durchaus kritisch gegenüber der Kirche – sucht er seinen Staat zu modernisieren und die Verwaltung zu zentralisieren. Reformen, die er durchsetzte, betrafen die Aufhebung der bäuerlichen Leibeigenschaft, die Milderung der Zensur (er ließ eine aufgeklärte Kritik an den Predigten zu) und die Abschaffung der Folter. Adel und Klerus leisteten den Reformbemühungen vielfach Widerstand. Ein Teil der kritischen und aufgeklärten Intelligenz unterstützte ihn.

Die Tatsache, daß das Toleranzpatent nur an die Behörden und nicht an die große Öffentlichkeit gelangte, hat dem wünschenswerten erzieherischen Einfluß der Maßnahme sicher geschadet.

Das Schicksal der jüdischen Minderheiten wurde in fast allen europäischen Ländern durch Sonderregelungen bestimmt. Verfolgungen in Böhmen und den deutschen Territorien führten im 10. und 11. Jahrhundert zu massenhafter Auswanderung der Juden nach Osten, wo sie sich vor allem in Polen niederließen. Seit dem 13. Jahrhundert verfügten sie dort über »Generalprivilegien« und konnten sich in Provinzialverbänden organisieren. Im 17. Jahrhundert setzte jedoch ein politischer und wirtschaftlicher Rückschlag ein. Insbesondere in den – nach der polnischen Teilung – an Rußland fallenden Gebieten wurden die Juden unter einschränkende Gesetze in ihrem »Ansiedlungsrayon« gestellt, die erst durch die Oktoberrevolution aufgehoben wurden. Die weitgehende – wenn auch gesellschaftlich noch immer begrenzte – Gleichberechtigung der jüdischen Minderheit wurde im allgemeinen erst in den Rechtsstaaten des 19. Jahrhunderts (beginnend mit der Verfassung der Französischen Republik) erreicht.

Toleranz aus Staatsklugheit
und um der Gewissensfreiheit willen.
Zur Entwicklung in England und Nordamerika

Wie der Kontinent wurde auch die britische Insel im 17. Jahrhundert von
Bürgerkriegen heimgesucht, in denen konfessionelle Gegensätze eine
ausschlaggebende Rolle spielten. Auf diese blutigen Auseinandersetzungen gab es grundsätzlich zwei entgegengesetzte Antworten. Eine autoritäre, politische, die Thomas Hobbes am klarsten ausformuliert hat und
die im Grunde mit dem Vorgehen der französischen Könige korrespon-
dierte, bestand in der strikten Unterordnung aller kirchlichen Angelegenheiten unter eine souveräne staatliche Instanz. Dabei war es im Grunde
für Hobbes nicht entscheidend, ob die Souveränität bei einem Monarchen oder einer Versammlung, einem Parlament lag; sie durfte nur nicht
zwischen beiden geteilt sein. Die andere Antwort bestand in der Gewährung religiöser Toleranz. Beide stimmten allerdings insofern überein, als
sie den Staat von kirchlichen Bevormundungen frei machten.

Der Puritanismus hatte einige Mühe, den Weg zur religiösen Toleranz
zu finden, da er – von Haus aus – auf eine unumschränkte Theokratie
drängte. Von der etablierten Kirche und deren weltlichem Arm verfolgt
und bedrängt, wurden die Puritaner zu »Dissenters«. Einmal – durch die
Revolution – an die Macht gelangt, neigten sie aber selbst dazu, ihre
Macht zur Durchsetzung ihres Glaubens zu benutzen und das Bürgerrecht auf Puritaner einzuschränken. Sie besaßen keine Skrupel, Wider-
strebende von ihrer religiösen Bindung durch Zwang zu befreien. Dieser
intolerante theokratische Geist findet seinen deutlichsten Ausdruck in
Richard Baxters (1615–1691) »Holy Commonwealth«: »Das ist die theokratische Politik des Göttlichen Commonwealth, fraglos die Herrschaft
Christi auf Erden, die durch Zustimmung aller Christen zu Recht gesucht
werden darf; und diese weltliche Würde von Heiligen würde unzweifel-
haft die Welt segnen.« Bald sollte sich jedoch zeigen, daß diese theokratische Utopie sowohl dem Geist des protestantischen Glaubens als auch
der menschlichen Natur widersprach. Wenn nämlich jedermann das
Recht hat, die Bibel zu lesen und sich von seinem Gewissen leiten zu
lassen, dann war es die erste Pflicht eines Christen, für sich selbst die
Wahrheit zu finden. Wenn sich der Staat aber darum kümmern sollte,
ständig neu auftretende Abweichungen vom »rechten Glauben« zu unterdrücken, die doch – aufgrund des individualistischen Ansatzes des
Protestantismus – unvermeidlich waren, dann mußte er notwendig bei
der anderen – auch von Calvin konstatierten – Aufgabe versagen, Frieden
und Ruhe des Gemeinwesens herzustellen. Von hier aus waren Puritaner
schließlich genötigt, das Prinzip der religiösen Toleranz des Staates zu
akzeptieren. Roger Williams (1603?–1683) nahm daher in die ihm von
Karl II. 1663 gewährte Charter für Rhode Island die Bestimmung auf,

daß keine Person »auf irgendeine Weise wegen irgendeiner Abweichung in Glaubenssachen belästigt, bestraft, beunruhigt oder in Frage gestellt werden darf, vorausgesetzt, daß sie den bürgerlichen Frieden nicht aktuell stört«.

Auch der Lordprotector Oliver Cromwell war nach seinem Sieg über die schottischen Streitkräfte, die das ganze Land einer presbyterianischen Theokratie unterwerfen wollten, genötigt – mit Rücksicht auf seine mehrheitlich aus Dissentern bestehende Armee –, eine distanzierte Haltung gegenüber konfessionellen Streitfragen einzunehmen. Er mußte dabei auch seinen eigenen fanatischen Glauben in Grenzen halten. Solange Quäker, Katholiken, Anglikaner, Juden und Unitarier sich selbst aggressiv und intolerant verhielten, wurden sie von ihm verfolgt und bestraft; wenn sie jedoch bereit waren, die gleichen Rechte anderer Sekten zu respektieren, wurden sie toleriert und beschützt. So setzte sich – ganz allmählich – der Gedanke eines konfessionell neutralen Staates durch. Bei der Gründung der Neuengland-Kolonie Maryland 1634 durch Cecil Calvert Baltimore, dem ältesten Sohn des berühmten Lord Baltimore (1578–1632), dem Karl I. dieses Gebiet geschenkt hatte, wurde er durch seine Charta verpflichtet, die »Church of England« als Staatskirche einzuführen. Deshalb war er – als Katholik – gezwungen, sein Amt als Gouverneur von seinem persönlichen Glauben zu trennen und Platz für unterschiedliche Bekenntnisse zu schaffen. Während des Protektorates wurden freilich die Katholiken in Maryland ebenso verfolgt wie zur Zeit der »Glorious Revolution« – so wurden sie selbst zu entschiedenen Exponenten der Toleranz aus Gründen der Selbstverteidigung.

John Milton (1608–1674) hat die pragmatische Toleranzhaltung des von ihm unterstützten Lordprotektors Cromwell theoretisch fundiert. 1659 publiziert er einen »Traktat über die staatliche Gewalt in Kirchenangelegenheiten, der zeigt, daß es nicht rechtens für irgendeine Macht auf Erden ist, in Religionsangelegenheiten Zwang zu gebrauchen«. Gleich einleitend stellt Milton die Forderung nach Trennung von Kirche und Staat auf und betont, »daß sowohl das Gemeinwesen als auch die Religion, falls überhaupt, in einer christlichen Ordnung im Grunde nur dann wirklich gedeihen können, wenn entweder die Regierenden Staat und Religion voneinander trennen oder nur solche Leute an die Regierung gelassen werden, die diese Trennung vornehmen. Bevor das nicht erreicht ist, wird man ständig mit Unruhen, Verfolgungen und Aufständen rechnen müssen, die zu einem inneren Verfall der wahren Religion und... endlich zur vollständigen Unterwerfung unter den gemeinsamen Feind führen...«

Neben dem schädlichen Zwang in religiösen Dingen kann aber auch »Bestechung« – also die Gewährung von Vorteilen bei Annahme eines bestimmten Glaubens – der wahren Religion Abbruch tun. Unter Religion müsse man »jene tiefe Überzeugung verstehen, die uns die Gewißheit gibt, daß unser Glaube und dessen Ausübung dem Willen Gottes und seines uns innewohnenden Heiligen Geistes... entspricht«. Diese Überzeugung kann und soll aber durch keinerlei Zwang oder Verführung beeinträchtigt werden. »Allein die Bibel und unser inneres Licht können über unseren Glauben Aufschluß geben. Weder ein anderer Mensch noch eine Gruppe von Menschen kann darüber urteilen.« Wenn aber Protestanten die Forderung der Katholiken ablehnen, nur »das zu glauben, was die Kirche glaubt«, dann ist es noch »viel verdammungswürdiger«, wenn Protestanten fordern, nur das zu glauben, was der (protestantische) Staat ihnen zu glauben befiehlt. Jeder Christ hat seine Entscheidung in Glaubenssachen allein mit sich selbst abzumachen. »Alle wahren Protestanten halten den Papst hauptsächlich deshalb für widerchristlich, weil er sich Unfehlbarkeit sowohl über das Gewissen als auch über die Schrift anmaßt.« Die gleiche Kritik muß daher auch gegen protestantische Geistliche gerichtet werden.

Kirchenzucht gibt es legitimerweise nur innerhalb einer auf Freiwilligkeit beruhenden Religionsgemeinschaft, die auch über »Abgrenzung von allen übrigen Menschen« befinden, niemals jedoch »körperliche Zwangsmaßnahmen und Geldbußen« verhängen darf. »Wenn... die Oberhäupter der Kirche allein schon deshalb keinen Zwang in Religionsangelegenheiten ausüben können, weil sie außerstande sind, unfehlbar über ein Gewissen zu entscheiden, das einer anderen Überzeugung anhängt, so hat erst recht die weltliche Obrigkeit keine Befugnis, einen Zwang in solchen Dingen auszuüben, von denen sie ja noch viel weniger versteht...« Die weltliche Obrigkeit dürfe sich aber auch nicht zum Vollzugsorgan geistlicher Würdenträger machen lassen.

Immer wieder kommt Milton auf die letztinstanzliche Kompetenz des individuellen Gewissens in Religionsfragen zurück. Hier liegt das entscheidende, religiöse Argument für Toleranz und für die Neutralität des Staates: »Da wir also sehen, daß niemand, keine Synode, keine Versammlung, auch die nicht, die man die Kirche nennt, definitiv über die Bedeutung der Bibel für das Gewissen eines anderen Menschen befinden kann, was bekanntlich ein Hauptsatz der protestantischen Religion ist, dann ist klar, daß wenn jemand einen Glauben oder einen Standpunkt in der Religion vertritt, den die Bibel seinem Gewissen nach gründlicher Prüfung mit der größten Eindringlichkeit oder Wahrscheinlichkeit als den richtigen nahelegt, er zwar in den Augen anderer im Irrtum sein mag, aber dennoch mit keinem größeren Recht als Häretiker kritisiert werden kann als seine Kritiker, die ja doch selbst nichts anderes tun, als was sie an ihm kritisieren.« Milton kehrt daher den Häresievorwurf um und stellt fest, daß nicht derjenige Häretiker ist, der seinem aufrichtigen Gewissen folgt, sondern umgekehrt gerade der, »der gegen sein Gewissen und seine biblisch fundierte Überzeugung der Kirche folgt. Was wir – in unserem Inneren – für wahr halten, dem haben wir zu folgen und nicht äußeren Befehlen.«

Wenn Katholiken in Religionsangelegenheiten Zwang ausüben, dann tun sie es wenigstens aufgrund der von ihnen für wahr gehaltenen Prinzipien, wenn Protestanten das gleiche tun, widersprechen sie jedoch ihren eignen Grundsätzen. Aus diesem Grunde ist ihre Intoleranz letztlich noch verdammenswerter.

1673 kommt Milton mit seiner Schrift »Of true Religion, Heresy, Schism and Toleration« noch einmal auf die Toleranzproblematik zurück. Er zählt unter anderem eine große Anzahl protestantischer Denominationen auf und erwähnt deren Abweichungen von den Glaubensüberzeugungen der Mehrheit. Es wäre aber absurd, wenn Protestanten, Wiedertäufer, Arianer, Socinianer, Arminianer usw., deren Lebenswandel und deren religiöser Ernst außer Zweifel stehe, nicht dulden wollten. Gott nämlich werde solche »unermüdliche und eifrige Arbeiter seiner Kirche, die oft große Dulder um ihres Gewissens willen« waren, nicht im Stich lassen, sondern vielmehr »ihren Irrtümern verzeihen, da er ja niemanden unfehlbar geschaffen hat«.

Den Papisten aber könne, weil sie geistliche und politische Macht miteinander verbinden, die gleiche Toleranz nicht gewährt werden. Der Papst habe sich ja angemaßt, Könige abzusetzen und Bürger von ihrer Gehorsamspflicht zu entbinden sowie ganze Kirchen zu schließen und deren Besitz sich, der Kurie in Rom, anzueignen. Jetzt – nach der Reformation in England – bemühe er sich weiter, mit Hilfe von Bestechung und anderen illegitimen Mitteln, den Hof und das Parlament für sich zu gewinnen. An eine öffentliche Duldung der Katholiken sei deshalb nicht zu denken, aber auch eine private, heimliche Ausübung ihrer Religion sei unstatthaft, da sie in der Bibel als »Götzendienst« verurteilt werde. Hier erweist sich der protestantische Anwalt der Toleranz eindeutig als weniger tolerant als später die katholischen Monarchen Heinrich IV. und Joseph II., die ihren protestantischen Untertanen mehr oder minder »private« Formen des Gottesdienstes ausdrücklich erlaubt haben.

Charakteristisch für die Religionsfreiheit in den Neuenglandstaaten dürfte das Beispiel John Penns, des ersten Gouverneurs der nach ihm benannten Kolonie Pennsylvanien sein, der – als frommer Quäker – auf jeden Versuch der Herstellung religiöser Uniformität verzichtete und sich lediglich bemühte, dafür zu sorgen, daß religiöse Vielfalt nicht zu Streitigkeiten führt. 1675 hatte er in seiner Schrift »England's Present Interest« festgestellt, daß »viele nachdenkliche Erforscher der menschlichen Angelegenheiten erkannt haben, daß die Eintracht der Widerstreitenden (concordia discordium) nicht die schlechteste Grundlage für die Errichtung und den Erhalt eines Staates ist«.

Selbst der 1649 hingerichtete Karl I. gab seinem Sohn den Rat, »sich davor zu hüten, durch die Leidenschaften einiger rauher und grober Menschen oder deren private Meinungen Religions-Parteien zur Verzweiflung zu treiben … Meinungsverschiedenheiten, die auf Gegenständen geringerer Bedeutung beruhen, die nur den Rand und die Vororte der Religion betreffen«, könne man eher durch »gütiges Einverständnis und christliche Toleranz« ausräumen, während sie »durch rauhe Opposition« nur vertieft würden. Am Vorabend der Restauration (1660) sagte Karl II. – womöglich in Erinnerung an die Mahnung seines Vaters –: »Wir erklären..., daß niemand wegen unterschiedlicher Meinungen in Religionsangelegenheiten, die nicht den Frieden des Königreiches gefährden, beunruhigt oder in Zweifel gezogen werden wird.« Wenn er diesem politischen Klugheitsgebot später nicht Folge geleistet hat, so war das die Schuld seiner engstirnigen Ratgeber.

Definitiv wurde religiöse Toleranz (immer noch unter Ausschluß der Katholiken) durch das Toleranzgesetz Wilhelms III. 1689 in England eingeführt.

Eine sehr viel weitergehende Toleranz gegenüber unterschiedlichen Bekenntnissen zeigten dagegen die meisten Kolonien in Nordamerika. Sie führten auch als erste eine völlige Trennung von Kirche und politischem Gemeinwesen durch. Eine theoretische Grundlage für religiöse Toleranz entwickelte Roger Williams, der – obwohl seit 1631 in Nordamerika ansässig – durch häufige Besuche auch mit den englischen Verhältnissen gut vertraut war. Religiöse Überzeugungen sind für ihn reine Privatangelegenheiten und gehen den Staat als Staat nichts an. Der Staat könne mit einem Schiff verglichen werden, dessen Passagieren erlaubt ist, zu glauben, was sie für richtig halten, solange sie sich an gewisse Regeln halten, von denen die Sicherheit des Schiffes abhängig ist. Es gibt keine Berechtigung dafür, einen Passagier über Bord zu werfen, solange er seine Mitreisenden nicht zu stark belästigt oder in die Navigation eingreift. Ebenso muß auch der Steuermann (oder Kapitän) lediglich aufgrund der Fähigkeiten beurteilt werden, mit denen er seine Aufgabe erfüllt. »Aus diesem Grunde ist ein christlicher Kapitän, ein christlicher Kaufmann, Arzt, Steuermann, Meister und (so auch) ein christlicher Magistrat etc. keineswegs in höherem Maße Kapitän, Kaufmann, Arzt, Anwalt, Steuermann, Vater, Herr, Magistrat etc. als ein Kapitän, Kaufmann etc. jedes anderen Bekenntnisses oder jeder anderen Religion. Ein heidnischer oder antichristlicher Steuermann kann ebenso geschickt sein, das Schiff in den gewünschten Hafen zu lenken wie ein christlicher Seemann oder Steuermann und kann dessen Arbeit mit ebensogroßer Sicherheit und Schnelligkeit vollbringen wie jener.« Um des Friedens unter den unterschiedlichen Religionsgemeinschaften willen bekämpft Roger Williams daher den Reverend John Cotton, weil er »öffentlich eine Lehre der Tötung des Leibes, der Seele und des Staates lehrte und... alle von seinem Bekenntnis abweichende Weisen des Gottesdienstes und des Glaubens im Gemeinwesen verbieten und verfolgen will«.

Zwar soll der Staat durchaus der Ausbreitung des Evangeliums dienen, aber er muß sich dabei streng »auf dieser Seite der Gewalt« halten – das heißt auf jede Art von Gewalt verzichten. Sowohl seine protestantische Frömmigkeit, die den Nachdruck auf das »innere Licht« legt, wie seine politische Einsicht brachten Roger Williams zu einer Politik der religiösen Toleranz. »Nichts«, so schreibt er in »The Ancient Bounds, or Liberty of Conscience, Tenderly Stated, Modestly Asserted and Mildly Vindicated« aus dem Jahre 1645, »ist unvernünftiger, als Freiheit und Eigentum auch nur eines Menschen – da dies seine natürlichen und bürgerlichen Rechte sind – um der Religion willen anzutasten, wenn er nicht dabei ertappt wird, ein Gesetz in bezug auf die natürlichen und bürgerlichen Gesetze gebrochen zu haben. Die Religion – mit welchen Modifikationen auch immer – ist kein Bestandteil des englischen Regierungssystems; honeste vivere, alterum non laedere, jus suum cuique tribuere, diese Rechtsregeln genügen, um jedem geborenen Engländer die Bürgerrechte zu sichern. Ein Mensch kann ein sehr guter Engländer und zugleich ein indifferenter Kirchenmensch sein.« England habe schon vor seiner Christianisierung eine freie Regierung gehabt, und es wäre absurd, so zu tun, »als ob das Regierungssystem erst mit Luther oder Calvin begonnen hätte. Was für ein Vorurteil sollte einen katholischen Grundbesitzer daran hindern, einen protestantischen Pächter oder einen presbyterianischen Pächter, einen protestantischen Grundherren zu haben? Die zivilen Angelegenheiten aller Regierungen in der Welt können friedlich unter ganz unterschiedlichen Religionen erledigt werden, solange die bürgerlichen Gesetze unverbrüchlich befolgt werden.«

Somit tritt an die Stelle der von Baxter erhofften utopischen Theokratie ein freies und tolerantes Gemeinwesen. Die Theokratie übergibt nämlich der Regierung Befugnisse, die mit dem protestantischen (erst recht dem quäkerischen) Verständnis von Religiosität unvereinbar sind. »Die Menschen müssen auf ihr eignes Gewissensurteil sich stützen als auf den Geist und das Urteil Christi.« Damit wird die Autonomie des religiösen – indirekt aber auch die des irreligiösen – Gewissens deklariert. Die Wahrheit – auch die religiöse – kann sich nur unter Bedingungen absoluter Freiheit entfalten. Auch wenn es für Roger Williams im Grunde nur eine – die christliche, protestantische – Wahrheit gibt, »kann diese Wahrheit nicht ohne diese Freiheit zum Vorschein kommen. Eine allgemeine Freiheitsbeschränkung kann – auch wenn sie nur für Irrtümer gemeint ist – aufgrund des Ungeschicks der Menschen – die Wahrheit behindern. Besser also viele Irrtümer ertragen als eine nützliche Wahrheit behindern und zerstören...«

Ähnlich wie John Miltons Toleranztheorie die Cromwellsche Revolution kommentierte, ist auch die politische Theorie John Lockes nicht vom Hintergrund der »Glorious Revolution« des Jahres 1688 ablösbar. C. B. Macpherson hat die politische Theorie Lockes als die des »Besitzindividualismus« bezeichnet, weil sie – im Unterschied zu Hobbes – dem Staat kein Recht über das naturrechtlich gerechtfertigte Eigentum des Individuums einräumt. Zu diesem Eigentum zählt Locke aber auch die religiöse Überzeugung, die daher ebenso vor staatlichen Eingriffen geschützt ist wie das materielle Eigentum. Religionsgemeinschaften sind für Locke freiwillige Verbindungen von Privatpersonen, denen er keinen anderen

Status zumißt als Handels- oder Gewerbeverbindungen. Das politische Gemeinwesen unterscheidet sich von ihnen allen durch seinen spezifischen Zweck: die Sicherung von Freiheit und Eigentum des einzelnen. Toleranz gehört zu den Pflichten des Staates. In seinem »Letter concerning Toleration« faßt Locke seine Argumente für staatliche Toleranz in Religionsangelegenheiten zusammen: Erstens müsse der Staat tolerant gegenüber den religiösen Überzeugungen seiner Bürger sein, »weil die Sorge für die Seelen nicht ihm anvertraut ist. Ich sage, diese Sorge ist ihm nicht von Gott übertragen worden, weil offenbar Gott niemals irgendeinem Mann die Autorität verliehen hat, einen anderen in religiösen Dingen zu zwingen.« Zweitens kann die Sorge um die Seelen nicht der Regierung zukommen, da ihre Macht nur in äußerlichen Machtmitteln besteht. »Beschlagnahme des Grundbesitzes, Foltern, all das kann nie dazu beitragen, Menschen dazu zu veranlassen, ihr inneres Urteil... zu ändern.« Natürlich dürfe die Regierung Argumente und Belehrung benützen, um auf die Vernunft der Bürger einzuwirken, auch Ermahnungen seien ihr – wie jedermann – gestattet, aber darüber hinausgehende Maßnahmen seien ihr verboten. Endlich könne die Sorge für das Seelenheil auch deshalb nicht beim Staat (der Regierung) liegen, weil die Menschen dann durch Zwang genötigt wären, statt dem eigenen Gewissen der »Religion des Hofes« zu folgen und sich »blind dem Willen ihrer Regierung zu unterwerfen«, die vielleicht »aus Unwissenheit, Ehrgeiz oder Aberglauben« zu ihrer religiösen Überzeugung gelangt sein könne. »Angesichts der Meinungsvielfalt in Religionssachen, die unter den Fürsten der Welt ebenso groß ist wie die Vielfalt ihrer weltlichen Interessen, würde der enge Weg zur Wahrheit dann auf ein einziges Land eingeschränkt, das im Recht ist, während der Rest der Welt gezwungen wäre, Fürsten auf Wegen zu folgen, die zur Zerstörung führen; und was die Absurdität noch weiter steigert und mit dem Begriff Gottes schwer vereinbar ist, Menschen hätten ihr Heil oder ihr Elend dem (zufälligen) Ort ihrer Geburt zu verdanken.«

Was dem Staat verboten ist, das kommt allerdings der Kirche zu, denn sie ist »eine freiwillige Gesellschaft von Menschen, die zusammengekommen sind, um den öffentlichen Gottesdienst in einer Weise einzurichten, wie sie ihn für Gott wohlgefällig und für ihr Seelenheil wirksam halten«. Da es sich um eine »freie und freiwillige Gesellschaft« handelt, kann sie gemeinsam bindende Beschlüsse für alle fassen, die aber nur solange gelten, wie der einzelne ihnen zustimmt. Weicht er davon ab, dann muß er die Religionsgemeinschaft verlassen. Andere »Strafen« kann es aber für ihn nicht geben. Die Gesetze und Verfahrensregeln (die Gottesdienstordnung usw.) gelten nur für die Mitglieder dieser Religionsgemeinschaft und für sonst niemanden, auch hat der Staat keinerlei Einfluß auf sie zu nehmen.

Gibt es Grenzen der Toleranz? Innerhalb der verschiedenen Kirchen natürlich. Wer die gemeinsam beschlossenen und akzeptierten Regeln einer Religionsgemeinschaft verletzt, soll zunächst ermahnt werden, wenn das jedoch nicht hilft, kann er exkommuniziert werden. Das muß aber ohne alle Gewalttätigkeit geschehen, und vor allem dürfen dem Ausgeschlossenen keine sonstigen Nachteile daraus erwachsen. »Keine Privatperson hat irgendein Recht, einer anderen Person in ihren Bürgerrechten wegen deren Zugehörigkeit zu einer anderen Glaubensgemeinschaft Abbruch zu tun. Alle Rechte und Gerechtsame, die ihr als Mensch und Bürger zukommen, bleiben uneingeschränkt erhalten. Ob er Christ oder Heide ist, er darf deshalb nicht behelligt werden.« Die Forderung gegenseitiger Toleranz gilt nicht nur für Personen, sondern auch für Religionsgemeinschaften, zwischen denen kein Prätor entscheiden kann, welche recht hat. Wegen ihrer angenommenen Intoleranz schließt John Locke – wie schon zuvor John Milton – Katholiken von der allgemeinen Toleranz aus! Die konstitutionelle Entwicklung Englands bleibt freilich selbst hinter Lockes Toleranzkonzeption weit zurück. So werden z. B. die Dissenters erst 1771 zum Studium in Oxford und Cambridge zugelassen, und es dauert noch bis 1827, bis sie erstmals Gemeinde- und Staatsämter übernehmen dürfen! Die Gleichstellung der englischen Katholiken wird erst 1828/29 durch die Aufhebung der Test-Acts von 1673, 1678 und 1681 erreicht.

Spinoza und Hobbes.
Staatliche Souveränität und religiöse Toleranz

Einen Höhepunkt erreicht die Argumentation zugunsten religiöser Toleranz mit Spinozas »Theologisch-politischem Traktat« (1670). Baruch de Spinoza (der sich lateinisch Benedictus nannte) war ein Nachkomme jener besonders grausam verfolgten und unterdrückten, zwangsgetauften spanischen und portugiesischen Juden, die unter der Herrschaft Isabellas von Kastilien (1474–1504) durch die erneuerte Inquisition (seit 1481) in großer Zahl auf die Scheiterhaufen geschickt wurden, soweit sie sich nicht durch Flucht diesem Schicksal entziehen konnten. Hier, auf der iberischen Halbinsel, hatten Juden schon früh – zur Zeit der Herrschaft der Westgoten und dann vor allem während der islamischen Zeit unter den Omaijaden von 756 bis 1030 – weitgehend gleiches Recht mit ihren moslemischen Landsleuten erhalten. J. Freudenthal beschreibt in seiner Spinoza-Biographie die Zeit hoher kultureller Blüte unter diesen toleranten Herrschern: »Die lange Zeit erniedrigten und geknechteten Juden nahmen fortan eifrigen Anteil an den Bestrebungen des herrschenden Volkes. Sie kämpften in zahlreichen Schlachten Brust an Brust mit den Moslemin; sie förderten Handel, Kunst und Wissenschaft; einflußreiche Staatsmänner, kluge Ärzte und namhafte Gelehrte wurden der Stolz und die Zierde des spanischen Judentums. Dichter und Philosophen, Mathematiker und Mediziner, Astronomen und Sprachforscher, Bibelerklärer und Talmudisten traten in großer Zahl hervor, schufen nach dem Vorgange orientalischer Juden auf Grund der alten religiösen Urkunden ihres Stammes eine neue Schriftsprache und bildeten eine Literatur aus, die über alle Gebiete der mittelalterlichen Dichtung und Wissenschaft sich erstreckte.« Dieses goldene Zeitalter wurde durch den Fanatismus von Herrschern aus dem Hause der Almohaden, vor allem aber durch den Glaubenseifer christlicher Fürsten nach der Reconquista beendet. Die Juden »wurden gewaltsam in den Schoß der Kirche getrieben, und tausende, die ihrer Religion nicht untreu werden wollten, wurden verbannt oder getötet«. Das von Ferdinand dem Katholischen begonnene Werk vollendete Isabella, die den Juden nur die Wahl zwischen Konversion und Verbannung ließ. Hunderttausende flohen aus Spanien und fanden nur zum Teil Zuflucht in Frankreich und anderen Ländern; viele gingen auf der Flucht zugrunde. Die meisten zwangsweise zum Christentum Konvertierten hielten heimlich an ihrer eigenen Religion fest, wurden als »Marranen« beschimpft und – sobald ein Verdacht bestand, daß sie insgeheim ihrem Bekenntnis treu geblieben waren – von der Inquisition verurteilt und der weltlichen Obrigkeit zum Ketzertod übergeben. 1391 nahm diese entsetzliche Verfolgung ihren Anfang und klang bis zur endgültigen Vertreibung der Juden aus Spanien nicht mehr ab. Die meisten Marranen wanderten schließlich nach Nordafrika und Portugal, wo sie später gleichfalls vertrieben wurden, nach Südfrankreich, den Balearen, Amsterdam, London und Hamburg aus. Die Niederlande wurden – nach deren Befreiung von spanischer Oberhoheit – zum Zufluchtsort vieler religiös Verfolgter.

Im Kampf der Niederlande um ihre Unabhängigkeit und gegen die spanische Oberherrschaft hatte sich auch die Überzeugung von der Nützlichkeit und Notwendigkeit religiöser Toleranz durchgesetzt, die in scharfem Kontrast zur spanischen Religionspolitik stand. Selbst der Katholik Wilhelm von Oranien erklärte bereits 1564: »Wie sehr ich auch am katholischen Glauben hänge, so kann ich es doch nicht für gut befinden, daß Fürsten über das Gewissen ihrer Untertanen herrschen wollen und ihnen die Freiheit des Glaubens und der Religion entziehen.« In der Utrechter Union von 1579 dekretieren die nördlichen Provinzen der Niederlande, »daß jeder Bürger in seiner Religion frei ist und daß keiner wegen seines religiösen Glaubens belästigt werden soll«. Rückblickend hat ein späterer holländischer Monarch konstatiert: »Unter den vornehmsten Ursachen der Blüte des Handels (in den Niederlanden) verdient die feste Politik der Republik gerechnet zu werden, der zufolge diese Provinzen zu einer friedlichen und sicheren Freistätte aller verfolgten und unterdrückten Fremdlinge geworden sind. Kein Bündnis, kein Vertrag, keine Rücksicht auf irgendeinen Fürsten, keine Bitte irgendeiner Regierung der Welt ist jemals imstande gewesen, den Staat von solcher Beschützung und Beschirmung derer, welche ihre Zuflucht zu diesem

Lande genommen haben, abweichen zu lassen.« Dieses Lob haben zwar die Regenten der Niederlande verdient, leider war jedoch die Religionsfreiheit immer wieder durch den Fanatismus der calvinistischen Prädikanten beeinträchtigt, die das einfache Volk gegen Angehörige fremder Bekenntnisse aufzuwiegeln verstanden. Aus diesem Grunde ist es auch immer wieder in einzelnen Provinzen der Niederlande zu Verfolgungen gekommen. Nicht immer war die weltliche Obrigkeit imstande, intolerante Wünsche der von großen Teilen der Bevölkerung unterstützten Geistlichen der reformierten Kirche zurückzuweisen. In den siebziger Jahren des siebzehnten Jahrhunderts erwiderten die Staaten (d. i. die Regierung der Vereinigten Niederlande) den Synoden der reformierten Kirche, als diese harte Maßregeln zur Bekehrung der Juden anzuwenden empfahlen: »Es wird den Edlen Großmögenden Herren sehr willkommen sein, wenn die Diener des göttlichen Wortes durch ein erbauliches und vorbildliches Leben, Predigen, Schreiben, Verhandeln und andere echt christliche Mittel die Bekehrung der Juden und anderer Unchristen zur wahren Religion befördern; doch derart, daß keines der angewendeten Mittel gegen die Gewissensfreiheit verstoße, welche ihre Edlen Großmögenden allen Landesbewohnern immer zugestanden haben und noch zustehen wollen.« Mit den »Edlen Großmögenden« waren die Inhaber der weltlichen Macht – also die Verfasser des zitierten Textes – gemeint.

So war denn die Lage der Juden in den Niederlanden nicht mit der in Spanien und Portugal zu vergleichen. Dennoch wurde ihnen z. B. noch 1612 die öffentliche Ausübung ihres Gottesdienstes verboten. Von einer Gleichstellung mit den christlichen Bürgern war bis 1657 – als sie als Staatsbürger anerkannt wurden – noch keine Rede.

1663 zog Spinoza nach Voorburg und kam dort mit dem Kreis um den niederländischen Ratspensionär Jan de Witt (1625–1672) in näheren Kontakt. De Witt, der die Interessen der aufgeklärten großbürgerlichen Oligarchie vertrat und sich entschieden für religiöse Toleranz engagierte, versuchte die Einrichtung der vom Hause Oranien besetzten Statthalterschaft abzuschaffen, um eine rein republikanische Verfassung durchzusetzen. Spinoza unterstützte seine Bemühungen um Toleranz gegen die ihn bekämpfenden Prädikanten. Das einfache Volk war auf der Seite der fanatischen Reformierten und des Hauses Oranien. Der »theologisch-politische Traktat« (1670) ist zwar zum größten Teil eine erste moderne philologische Untersuchung der Heiligen Schrift, für unseren Zusammenhang sind aber nur die letzten Kapitel interessant, in denen der Verfasser – im Anschluß an Thomas Hobbes und doch entscheidend über ihn hinausgehend – das Recht der obersten weltlichen Gewalt in religiösen Angelegenheiten und die Notwendigkeit weitgehender Toleranz begründet.

Thomas Hobbes hatte aus den Erfahrungen der Bürgerkriege den Schluß gezogen, daß es notwendig sei, alle für das Zusammenleben der Menschen wichtigen Entscheidungen bei einem eindeutig definierten Souverän zu konzentrieren. Wenn nämlich – wie das von den gegen das

Parlamentsheer kämpfenden Schotten getan wurde – ein Geistlicher für seine Anhänger behaupten darf, »daß man einen Vertrag mit Gott« schließen könne, der sie mehr verpflichte als der Gesellschaftsvertrag, dann sind Ruhe und Ordnung und das friedliche Zusammenleben nicht mehr gewährleistet. Da aber Religionen auf Wundern und rational nicht beweisbaren Überlieferungen beruhen, kann über wahr und falsch, richtig und verkehrt nur durch Dezision befunden werden. Hobbes scheut sich nicht, diese These am Beispiel der Eucharistie zu illustrieren. Wenn ein Privatmann behaupten wollte, dieses Stück Oblate sei der Leib Jesu, dann müsse man ihn für verrückt halten. Werde die gleiche Aussage jedoch vom zuständigen Souverän gemacht, dann sei es »ein Wunder« und müsse geglaubt werden. Mit anderen Worten: im Interesse des Friedens und der Eintracht müsse in dem Gemeinwesen das öffentliche Bekenntnis (die confessio) durch staatliche Anordnung festgelegt werden. »Da die Gedanken (aber) frei sind, hat ein Privatmann immer die Freiheit, die Taten, die für Wunder ausgegeben werden, in seinem Herzen zu glauben oder nicht zu glauben, je nachdem er erkennt, welcher Vorteil aus dem Glauben für jene erwachsen kann, die das Wunder behaupten und sich dafür einsetzen, und er mag daraufhin überlegen, ob sie Wunder oder Lügen sind.« Damit nimmt Hobbes – wenigstens als legitime Denkmöglichkeit – die These vom »Priesterbetrug« vorweg, die im 18. Jahrhundert von radikalen Aufklärern vertreten wurde. Der politische Denker aber fügt immer wieder hinzu: »Gilt es aber diesen Glauben zu bekennen, so muß sich die private Vernunft der öffentlichen unterwerfen, d. h. dem Statthalter Gottes« – der für Hobbes allein der staatliche Souverän (der »sterbliche Gott«) sein kann.

Insoweit ist Hobbes offensichtlich intolerant. Er stellt aber ausdrücklich fest, daß es dem noch so mächtigen Souverän einfach nicht möglich ist, außer dem Bekenntnis (der confessio) auch den (inneren) Glauben zu kommandieren. Die fides, der Glaube, ist daher notwendig frei. Diese Einschränkung der Kompetenz des Souveräns hat Carl Schmitt als »die Bruchstelle in der sonst so geschlossenen, unwiderstehlichen Einheit« des Hobbesschen Staates bezeichnet. Hier… weiche Hobbes am entscheidenden Punkt aus und mache seinen unausrottbaren individualistischen Vorbehalt… »An dieser Stelle tritt der Unterschied von innerem Glauben und äußerem Bekenntnis (fides et confessio) in das politische System des ›Leviathan‹ ein… Er läßt es dem einzelnen, kraft der allgemeinen Gedankenfreiheit – quia cogitatio omnis libera est – unbenommen, bei sich selbst gemäß seiner privaten Vernunft, innerlich zu glauben oder nicht zu glauben und das eigene iudicium in seinem Herzen, intra pectus suum, zu wahren.« Damit aber habe Hobbes – vermutlich ohne es zu wollen und ohne die Konsequenz seiner individualistischen Konzession zu erkennen – dem liberalen Rechts- und Verfassungsstaat den Weg bereitet. Eine Tatsache, die Carl Schmitt offenbar entschieden mißbilligt.

In einer antisemitischen Wendung fügt Carl Schmitt hinzu, daß der

Jude »Spinoza... sofort die große Einbruchstelle des modernen Liberalismus« erkannt habe, »von der aus das ganze von Hobbes aufgestellte und gemeinte Verhältnis von Äußerlich und Innerlich, Öffentlich und Privat in sein Gegenteil verkehrt werden konnte...«

Die »libertas philosophandi«, die Spinoza im 19. Kapitel seines Traktates postuliert, ist ein direktes Erbstück von Thomas Hobbes. Während aber bei Hobbes »der öffentliche Friede und das Recht der souveränen Gewalt im Vordergrund« standen, wird »jetzt umgekehrt die individuelle Gedankenfreiheit der formgebende Grundsatz, und die Notwendigkeit des öffentlichen Friedens sowie das Recht der souveränen Staatsgewalt verwandeln sich in bloße Vorbehalte«. Nun trifft zwar diese letzte Feststellung sicher nicht völlig zu, denn Spinoza wußte sehr wohl, daß die von ihm gewünschte Freiheit des Philosophierens (und der Religionsausübung) nur dann sicher gestellt ist, wenn der weltliche Souverän über die untereinander streitenden, oftmals fanatischen und freiheitsfeindlichen Theologen und Prädikanten gebietet. Der politische Souverän in Spinozas Staat legt zwar nicht mehr verbindlich die confessio fest, er wacht aber über die religiöse Toleranz, über das friedliche Nebeneinander unterschiedlicher Bekenntnisse und Kirchen.

Die Zulassung der Freiheit des Denkens (und Glaubens) ist ungenügend, wenn es den Bürgern nicht erlaubt ist, ihre Gedanken – in Wort und Schrift – zu äußern und mit anderen darüber zu diskutieren. Spinoza leitet aus dem Hobbesschen Ansatz die Notwendigkeit weitergehender Toleranz ab. Dabei argumentiert er überzeugend durch den Nachweis der Schädlichkeit der Intoleranz sowohl für das politische Gemeinwesen wie auch für Religion und Wissenschaft.

»Wenn es ebenso leicht wäre, über die Hirne zu herrschen wie über die Zungen, könnte sich jeder Machthaber in Sicherheit wiegen, und es gäbe keine Gewaltherrschaft. Denn jeder einzelne würde nach dem Sinne der Machthaber leben und nur entsprechend ihrer Weisung sein Urteil darüber fällen, was wahr oder falsch, gut oder böse, gerecht oder ungerecht ist. Niemand kann aber sein Recht oder seine Fähigkeit, frei seine Vernunft zu gebrauchen und über alles zu urteilen, auf einen anderen übertragen, noch kann er dazu gezwungen werden.« Jeder Versuch, das Unmögliche doch zu erzwingen, muß nicht nur scheitern, sondern zu »höchst unglücklichem Erfolg führen«. Es ist daher in hohem Maße schädlich, wenn »in einem Staate... der Versuch unternommen wird, daß die Menschen, obgleich sie Unterschiedliches und Gegensätzliches denken, dennoch nur nach Vorschrift des Staates reden sollen«. Das aber hatte Hobbes im Grunde von ihnen verlangt, indem er die öffentliche confessio durch den Souverän befehlen ließ. »Der Zweck des Staates« – so erklärt Spinoza ganz eindeutig – »ist also in der Tat die Freiheit«; Versuche, durch staatliche Vorschriften das öffentliche Reden und die Publikationen zu reglementieren, haben immer höchst unerwünschte Folgen: »Wer alles durch Gesetze regeln will, wird Fehlverhalten eher erregen als abstellen. Was man nicht hindern kann, muß man notgedrungen erlauben.« Das gelte schon für solche Laster wie Verschwendung, Habsucht, Trunksucht, Mißgunst, Geiz und dergleichen, müsse aber erst recht für die Freiheit des Denkens und Sprechens gelten, die doch eher Tugenden seien. »Ganz abgesehen davon, daß diese Freiheit einfach unabdingbar ist, um Wissenschaften und Künste voranzubringen.«

Eindringlich beschreibt Spinoza sodann die ins Gegenteil verkehrten Wirkungen, wenn in einem Staat das Aussprechen individueller Überzeugungen und Einsichten verboten ist. »Wenn die Menschen so eingeschüchtert werden, daß sie nichts zu flüstern wagen, es sei denn nach Vorschrift des Staates«, sieht Spinoza verheerende Folgen. Da sie nämlich durchaus privat weiterhin denken, was sie im Unterschied zum staatlichen Befehl für wahr halten, wird es sich »zwangsläufig ergeben, daß die Menschen tagaus tagein etwas anderes denken als sie sprechen, und folglich, daß Verläßlichkeit, die für den Staat doch so nötig ist, zugrunde geht und eine abscheuliche Heuchelei und Hinterhältigkeit großgezogen werden; daraus müssen dann Intrigen und der Verderb aller guten Künste hervorgehen«. Auf die Dauer werde man aber auch die freie Rede nicht unterdrücken können: »Im Gegenteil, je mehr man sich bemüht, den Menschen die Redefreiheit zu nehmen, desto hartnäckiger stemmen sie sich dagegen.« Freilich tun das kaum »die Geldgierigen, die Mitläufer und die übrigen Schwachköpfe«, sondern nur »jene, denen gute Erziehung, untadlige Lebensweise und aufrechter Charakter die Freiheit zum Bedürfnis gemacht haben«. Gesetze, durch die die Meinungsfreiheit unterdrückt wird, richten sich daher »nicht gegen Verbrecher, sondern gegen freiheitlich Gesinnte; man erläßt sie nicht, um die Übelwollenden in Schranken zu halten, sondern, um die Anständigen zu provozieren, und sie lassen sich nicht ohne große Gefahr für den Staat durchsetzen«. Sowohl die Vernunfteinsicht als auch die historische Erfahrung sprechen – nach Spinoza – für diese Erkenntnis. Nicht die Freiheit der Rede und der Publikation, sondern »den Fanatismus und die Raserei des Pöbels« solle man daher in Schranken halten.

Immer wieder stellt Spinoza die Nachteile für den Staat heraus, die aus der Unterdrückung von Meinungs- und Religionsfreiheit erwachsen: »Kann man sich ein größeres Unheil für einen Staat denken, als daß anständige Männer, weil sie eine andere Meinung haben und nicht zu heucheln verstehen, wie Verbrecher in die Verbannung geschickt werden? Was frage ich, ist verderblicher, als daß Menschen nicht wegen eines Verbrechens oder einer Untat, sondern weil sie freiheitlich gesinnt sind als Staatsfeinde gelten?« Nicht die freiheitsliebenden und offen redenden Bürger sind die Unruhestifter, sondern »diejenigen, …welche in einem freien Staat die Freiheit des Urteils, die nicht unterdrückt werden kann, dennoch aufheben wollen«. Damit meint er in erster Linie jene fanatischen Prädikanten, die in den Niederlanden das Volk aufhetzten und für die Ermordung Jan de Witts 1672 mitverantwortlich waren. In einem die

Freiheit unterdrückenden Gemeinwesen »gehen die schönen Künste und die Aufrichtigkeit zugrunde, Schmeichler und Intriganten werden begünstigt, und die Gegner triumphieren, weil man ihrem Fanatismus nachgegeben hat und weil sie die Inhaber der Staatsgewalt zu Parteigängern der Lehrer, als deren Ausleger sie gelten, gemacht haben«.

Spinoza beendet sein Plädoyer für die Toleranz mit der Feststellung: »Darum ziehe ich... den Schluß, daß nichts die Sicherheit des Staates besser gewährleistet, als wenn Frömmigkeit und Religion bloß in der Übung der Liebe und der Billigkeit bestehen und wenn das Recht der höchsten Gewalten in geistlichen ebenso wie in weltlichen Dingen sich nur auf Handlungen bezieht, im übrigen aber jedem das Recht zugestanden wird, zu denken, was er will, und zu sagen, was er denkt.«

Anwälte der Toleranz im Zeitalter der Aufklärung: Montesquieu, Voltaire, Rousseau und die »Encyklopädisten«

Montesquieu trägt durch seinen geographischen und soziologischen Perspektivismus zur Fundierung des Toleranzgedankens auf eine neue Weise bei. Wenn nämlich in der Tat Denkweisen, Religionen, Verfassungen usw. vom »Klima« abhängig, mit anderen Worten durch objektive, nicht von Menschen bestimmbare äußere Umstände mitbedingt sind, dann muß es als doppelt absurd erscheinen, wenn Menschen und Gruppen von Menschen wegen ihrer religiösen Überzeugungen oder sonstigen Eigentümlichkeiten bekämpft und verfolgt werden. Zwar vertritt Montesquieu keinen einseitigen geographisch-materialistischen Determinismus, sondern kennt auch eine aktive Einwirkung von Verfassungen, Gesetzen und Religionen auf das Verhalten der – durch das Klima beeinflußten – Menschen, aber dennoch bleibt sein die großen Unterschiede unter den Völkern und Staaten erklärender Denkansatz ausschlaggebend. Das wird auch deutlich im fünfunddreißigsten Buch seines »Geistes der Gesetze« (1748), in dem er das Verhältnis »der Gesetze zu der Einrichtung der Religion in jedem Land und zu deren auswärtiger Politik« behandelt.

Im neunten und zehnten Kapitel dieses Buches handelt der Verfasser ausdrücklich das Thema der »religiösen Toleranz« ab. Dabei betont er, daß es ihm hier um Politik – nicht um Theologie – gehe, denn man müsse sehr wohl »zwischen dem Tolerieren einer Religion und deren Billigung unterscheiden«. Vorsichtig beginnt er dann mit dem Satz: »Wenn die Gesetze eines Landes glauben, mehrere Religionen dulden zu müssen, dann müssen sie jene auch dazu verpflichten, sich gegenseitig zu dulden. Es ist nämlich ein Grundsatz, daß jede unterdrückte Religion, wenn sie durch Zufall aus ihrer unterdrückten Stellung herauskommt, ihrerseits unterdrückend wird, und zwar nicht in ihrer Eigenschaft als Religion, sondern als Tyrannis.« Vermutlich denkt Montesquieu, der sich – wie viele seiner Zeitgenossen – mit der Geschichte der Spätantike und den Anfängen des Christentums beschäftigt hat, hier an das Verhalten des zur Staatsreligion in Rom aufgestiegenen Christentums. »Es ist daher nützlich, daß die Gesetze von den verschiedenen Religionsgemeinschaften nicht nur verlangen, den Staat nicht zu beunruhigen, sondern sich auch untereinander nicht zu belästigen. Ein Citoyen genügt nicht schon dann den Forderungen der Gesetze, wenn er das Gemeinwesen nicht agitiert, er soll auch seine Mitbürger nicht belästigen.«

Das nächste Kapitel beginnt mit dem – zunächst überraschenden – Satz, daß »ein Staat, der mit der bereits eingeführten Religion zufrieden ist, auf Grund eines sehr guten Gesetzes, die Einrichtung einer anderen Religion ablehnt. Wenn es einem freisteht, in einem Staat eine neue Religion zuzulassen oder nicht, dann sollte man sie nicht einrichten; wenn sie jedoch bereits eingeführt ist, muß man sie tolerieren.« Da freilich der erste Fall im damaligen Europa äußerst selten war, und es fast überall religiöse Minderheiten gab, handelte es sich wohl eher um eine hypothetische Feststellung. Angesichts der Tatsache, daß Montesquieu eine weitgehende Gleichberechtigung aller Religionen – auch der nichtchristlichen – vertritt, bedeutet die Formulierung vielleicht auch eine Rechtfertigung der Abwehr christlicher Mission durch nichtchristliche Staaten.

Der Wechsel der Religion durch die Regierung erscheint Montesquieu als äußerst gefährlich und zwar deshalb, weil »die alte Religion mit der Verfassung verbunden war und die neue es nicht ist, die alte sich mit dem Klima vertrug, während sich die neue ihm oft verweigert«. Hier wird besonders gut deutlich, daß die Entstehung von Religionen nicht beliebig menschlicher Willkür unterworfen ist, sondern – nach Montesquieu – aus einem spezifischen »Volksgeist« (wie es später die Romantiker nennen werden) und einem »Zeitgeist« hervorgehen, den auch noch so einflußreiche Regierungen nicht ohne Gefahr mißachten dürfen. Durch den Versuch des Wechsels der Religion entstehe aber zugleich eine Abneigung gegen die bestehende Regierung, und die alte, wie auch die neue Religion würden gleichermaßen verdächtig. »In einem Wort: man verschafft dem Staat – wenigstens für eine gewisse Zeit – sowohl schlechte Staatsbürger als auch schlechte Gläubige.«

»Strafgesetze sollten in religiösen Angelegenheiten vermieden werden. Sie flößen zwar Furcht ein, aber da die Religion gleichfalls Strafandrohungen kennt, die Furcht einflößen, wird die eine Drohung durch die andere aufgehoben. Zwischen diesen beiden Drohungen eingezwängt, werden die Seelen grausam gequält.« Es zeige sich, »daß die Religion durch die Verbreitung von Furcht nicht erfolgreich angegriffen werden könne. Die Geschichte belehrt uns... genügend darüber, daß Strafgesetze (in Religionsangelegenheiten) niemals einen anderen als einen zerstörerischen Effekt gehabt haben.«

Ganz ähnlich wie später Voltaire schließt auch Montesquieu seine Ausführungen über die religiöse Toleranz mit einer anschaulichen Erzählung ab. Es handelt sich um eine »höchst demütige Vorhaltung gegen die Inquisitoren Spaniens und Portugals«. Fiktiver Anlaß für den Bericht ist die Verbrennung einer achtzehnjährigen Jüdin auf dem letzten Autodafé in Lissabon. Fiktiver Autor ist ein Jude, der »das Christentum genügend liebt, um den nichtchristlichen Fürsten plausible Vorwände für die Verfolgung des Christentums zu nehmen«.

Das Argument, mit dessen Hilfe der Autor die Inquisitoren widerlegt, ist die »goldene Regel«, die uns dazu anhält, andere so zu behandeln, wie wir von ihnen behandelt werden wollen: »Sie beklagen sich«, sagt der Jude den Inquisitoren, »daß der Kaiser von Japan die Christen in seinem Staat auf kleiner Flamme verbrennen läßt. Der aber würde Euch antworten: wir behandeln Euch, die Ihr nicht dasselbe glaubt wie wir, so wie Ihr uns behandeln würdet, die wir nicht dasselbe glauben wie Ihr: Ihr könntet also nur Eure eigne Schwäche beklagen, die Euch daran hindert, uns auszurotten und die daran Schuld ist, daß wir Euch ausrotten. Man muß jedoch gestehen, daß Ihr weit grausamer seid als jener Kaiser, Ihr laßt uns sterben, uns, die wir nur das glauben, was auch Ihr glaubt, weil wir nicht alles glauben, was Ihr glaubt. Wir hängen einer Religion an, von der Ihr wohl wißt, daß sie einst von Gott selbst geschätzt wurde: wir glauben, daß Gott sie noch immer liebt, und Ihr glaubt, daß er sie nicht mehr liebt; und weil Ihr so urteilt, laßt Ihr durch Eisen und Feuer jene hindurchgehen, die in dem verzeihlichen Irrtum sich befinden, zu glauben, daß Gott noch immer liebt, was er einst geliebt hat.« Noch grausamer seien die Inquisitoren gegenüber den jüdischen Kindern, die doch nichts anderes tun, als was das Naturrecht aller Völker ihnen vorschreibt: ihren Eltern zu gehorchen.

Durch die Art der Verfolgung von Juden und Häretikern berauben sich aber die Christen zugleich des Vorzugs, den sie gegenüber den Moslimen für sich in Anspruch nehmen. Jene nämlich – so der christliche Einwand – hätten ihren Glauben nur »durch das Schwert verbreitet« – warum suchten die Christen dann den ihren »durch das Feuer durchzusetzen?« Endlich gilt ja den Christen das Zeugnis der von den Heiden verfolgten Märtyrern als »Beweis« des göttlichen Ursprungs ihrer Religion. Als Inquisitoren aber übernehmen sie die Rolle des Christenverfolgers Diokletian statt die der Märtyrer.

Durch die grausame Verfolgung von Nichtchristen erweisen sich diese angeblich so frommen Männer im übrigen als Gegner Christi, dessen Beispiel der Güte und Barmherzigkeit von ihnen doch hochgehalten werden sollte. Die Forderung nach äußerer Bekehrung laufe letztlich darauf hinaus, daß von Juden und Häretikern gefordert werde, »zu betrügen«, weil sie sagen sollen, was sie doch nicht ehrlich glauben können. »Ihr müßt uns also töten, weil wir nicht bereit sind, Euch zu belügen.«

Wie um die Christen zu beschämen, fügt Montesquieu im sechzehnten Kapitel noch einen Bericht über religiöse Toleranz in asiatischen Staaten –

wie Siam, Kalkutta und bei den Kalmücken – hinzu. In den großen despotischen Staaten würden fremde Religionen (wie das Christentum) anfangs bereitwillig aufgenommen, weil ihre Missionare wertvolle Kenntnisse und Fertigkeiten mitbringen, sobald sie aber einigen Erfolg haben und Streit entsteht, würden sie unterdrückt, weil Despotien vor allem innere Ruhe brauchen.

Zwei Haltungen zeichnen den Juristen Montesquieu aus: einmal der gelassene Blick des Kenners unterschiedlicher Kulturen, der die Verschiedenheit von Sitten und Bräuchen, Gesetzen und Glaubensüberzeugungen ohne Vorurteil zur Kenntnis nimmt, und zum anderen die nüchterne und pragmatische Reflexion des Theoretikers der Politik, der weithin von der Wahrheitsfrage der Religionen abstrahiert. Vermutlich geht man nicht fehl, wenn man Montesquieu wie Voltaire einen philosophisch geläuterten (dogmenfreien) Gottesbegriff unterstellt, der die bunte Vielfalt unterschiedlicher Religionen als weithin unwichtige Details ansieht, die ebenso hingenommen werden müssen wie die bunte Vielfalt von Sitten und Bräuchen. Eine universale, philosophische Religion liegt für Montesquieu ebenso jenseits der partikularen Religionen wie die universale Gerechtigkeit des rationalen Vernunftrechts jenseits der positiven Rechtsordnungen. Die Varianten werden darüber hinaus durch die Umstände (»das Klima«) erklärt und sind wohl aus diesem Grunde auch nicht völlig zu beseitigen. Dieser Ansatz zur Begründung der Legitimität von Vielfalt geht über den universalistischen Zug der sonstigen Aufklärung hinaus. J. G. Herder und die deutschen Romantiker haben ihn aufgegriffen und ausgebaut.

Voltaire hat sich immer wieder als Verteidiger zu Unrecht angeklagter Franzosen für religiöse Toleranz engagiert. Im Zusammenhang mit der »Affäre Calas« hat er 1763 einen längeren »Traktat über Toleranz« geschrieben, in dem er eindrücklicher als in dem Artikel »Toleranz« seines »Dictionnaire philosophique« seine Argumente entfaltet hat.

Der protestantische Kaufmann Calas war auf Grund verleumderischer Denunziationen vor dem Parlament von Toulouse angeklagt worden, seinen kurz vor der Konversion zum Katholizismus stehenden Sohn getötet zu haben. Noch ehe es möglich war, die Anklage zu entkräften, wurde er hingerichtet. Voltaire bemühte sich mit Erfolg um seine Rehabilitation und um das Schicksal der Familie des Hingerichteten. Das war der dramatische Anlaß für Voltaires leidenschaftlichstes Plädoyer für religiöse Toleranz.

Adressaten seiner Schrift sind die Angehörigen der gebildeten und aufgeklärten Führungsschicht Frankreichs, insbesondere die einflußreichen Kreise am königlichen Hof. Das erste Argument, das der Autor ins Feld führt, ist ein ökonomisches. Die Vertreibung der Calvinisten aus Frankreich hat dem Staat erheblich geschadet, während Regierungen, die sich als tolerant erwiesen, den größten Vorteil daraus zogen. Wie viele andere Autoren seiner Zeit sucht auch Voltaire seine christlichen Landsleute durch Hinweise auf die Toleranz Andersgläubiger zu beschämen. So ernenne z. B. der türkische Sultan selbst Bischöfe für einige der griechischen Inseln, wobei er die Formel benütze: »Ich befehle ihm als Bischof der Insel Chios zu residieren entsprechend deren altem Brauch und ihren nichtigen Zeremonien.« Ähnlich tolerant verhielten sich die Herrscher Indiens, der Tartarei und anderer ferner Länder.

Während Toleranz inneren Frieden und wirtschaftliche Vorteile bringe, habe Intoleranz auf der Erde ein Blutbad nach dem anderen angerichtet und zu wirtschaftlichem Ruin geführt. In Frankreich fehle vor allem die Toleranz gegenüber Calvinisten. Voltaire meint daher: »Wir haben Juden in Bordeaux, in Metz und im Elsaß, wir haben Lutheraner, Molinisten und Jansenisten: können wir nicht auch Calvinisten ertragen und aufnehmen – etwa zu den gleichen Bedingungen, zu denen Katholiken in London geduldet werden?« Als Argument geschickter Regierungskunst fügt Voltaire listig hinzu: »Je mehr Sekten es gibt, um so ungefährlicher ist eine jede von ihnen; ihre Vielfalt schwächt sie; alle werden sie von gerechten Gesetzen in Schranken gehalten, die stürmische Versammlungen, Beleidigungen und Aufstände verhindern…« Derartige Konzessionen für calvinistische Franzosen würden zur Rückkehr wohlhabender Hugenotten führen und Frankreich nützen.

Die Zeit, da die Bevölkerung in Europa dem Hexenglauben anhing, sei vorbei, und aus diesem Grunde sei die päpstliche Bulle »unigenitus« von der Bevölkerung abgelehnt worden. Die in ihr enthaltenen »absurden Behauptungen« würden heutzutage nicht mehr hingenommen. Papst Clemens XI. hatte 1713 auf Drängen von Ludwig XIV. durch diese Bulle 101 Lehrsätze des Pater Quesnel verurteilt und verlangt, daß alle Bischöfe, Fakultäten und Priester Frankreichs diese Verurteilung unterzeichnen sollten. Ein Teil des Klerus verweigerte jedoch die Unterschrift. Unter den Verweigerern war auch der Erzbischof von Paris A. de Noailles, die Sorbonne und das Pariser Parlament. Man appellierte an ein Konzil. Bis 1730 dauerten die Unruhen wegen dieser päpstlichen Bulle an. Auch wenn Voltaire sicher weit davon entfernt war, den Auffassungen des Oratorianers und Jansenisten Quesnel zuzustimmen, sah er doch in der dogmatischen Verurteilung, die auf jede Argumentation verzichtet, einen Verstoß gegen den aufgeklärten und rationalen Geist der Zeit und obendrein eine Maßnahme, die dem Ansehen des Christentums nur schaden konnte.

Auch mit dem Naturrecht könne Intoleranz nicht legitimiert werden, denn sie widerspreche der »goldenen Regel«: »Tue nicht anderen, was Du nicht möchtest, daß Dir getan wird!« Man könne sich ja wirklich nicht gut vorstellen, daß jemand zu einem anderen sage: »Glaube, was ich glaube und was Du (offenbar) nicht glauben kannst, oder Du wirst umkommen!« In Spanien, Portugal und Goa habe man aber genau das getan. Jetzt begnüge man sich damit zu sagen: »Glaube oder ich verwünsche Dich, glaube oder ich werde Dir alles Üble zufügen, zu dem ich imstande bin! Ungeheuer, Du hast nicht meine Religion, also hast Du keine Religion, Du mußt also Deinen Nachbarn, der Stadt und der ganzen Provinz ein Abscheu sein!« Wäre das aber dem Naturrecht gemäß, dann müßten (und dürften) die Japaner die Chinesen verabscheuen, diese die Siamesen, die Malabaren könnten die Perser erwürgen, die ihrerseits die Türken umbringen könnten, bis sich alle zusammen auf die Christen stürzten, die sich so lange gegenseitig umgebracht haben. So viel genügt Voltaire, um zu verdeutlichen, daß ein »Recht auf Intoleranz« »absurd und barbarisch« wäre.

Es folgt ein langer Exkurs über die Geschichte der antiken Toleranz, die vielfach geschönten Märtyrerlegenden und Hinweise auf Toleranz im alten Israel und im Neuen Testament. Jesus selbst, der doch den schrecklichsten Tod am Kreuz erlitten habe, beweise durch sein letztes Gebet, mit der Bitte, Gottvater möge seinen Verfolgern und Mördern vergeben, seine Toleranz gegenüber irrenden Menschen. Am allerwenigsten läßt sich daher religiöse Intoleranz durch die Nachfolge Christi legitimieren!

Ausgehend von der Einsicht, die er mit Spinoza teilt, daß sich Intoleranz meist bei einem fanatisierten Mob findet, und weil es daher Pflicht einer aufgeklärten Regierung ist, diesem entgegenzutreten, kritisiert Voltaire Pilatus, der »die Schwäche gehabt habe, Jesus zum Tode zu verurteilen, um die aufgeregte Menge zu besänftigen, zumal er schon eine Revolte von Juden erlebt hatte, wie uns Josephus berichtet... Jetzt frage ich, ob Toleranz oder Intoleranz göttliches Recht ist? Wollt Ihr Jesus gleichen, (dann) seid Märtyrer, aber nicht Henker!«

Im folgenden (15. Kapitel) bringt Voltaire Zeugnisse, die beweisen, daß Zwang in Religionsfragen einen »Mangel an Frömmigkeit« beweist. Durch Zwang hindert man nämlich Menschen, »frei ihren Gott zu wählen, aber kein Gott wünsche sich einen erzwungenen Gottesdienst«. In diesem Sinne äußern sich auch zahlreiche Kirchenväter, aus deren Werken Voltaire auf den folgenden Seiten ausgiebig zitiert. Bei Athanasius fand er z. B.: »Es ist eine verabscheuungswürdige Häresie, durch Gewalt, Schläge und Gefängnis diejenigen (zum Christentum) herbeizwingen zu wollen, die man nicht durch die Vernunft hat überzeugen können.« In ähnlichem Sinne äußern sich auch zahlreiche spätere Kirchenmänner und Ratgeber christlicher Fürsten, die Voltaire hier anführt. So heißt es z. B. in Einwänden des Pariser Parlaments gegen Heinrich II.: »Es schien uns der Billigkeit und der Vernunft entsprechend, den Spuren der alten Kirche zu folgen und keine Gewalt anzuwenden, um die Religion einzuführen oder auszubreiten.«

Leider entspreche aber das Verhalten – der Gerichte und Verwaltungen – in Frankreich keineswegs den so gut dokumentierbaren Toleranzforderungen der Vergangenheit. Durch die intolerante Praxis werde die gute Theorie immer wieder widerlegt. Es sei einfach »absurd, intolerant zu sein«. Wenn man freilich einwenden wolle, daß es Leute gebe, die ihren Vorteil aus der eignen Intoleranz ziehen, dann möge man das letzte Kapitel lesen. Voltaire beendet sein leidenschaftliches Plädoyer – ähnlich wie Montesquieu – mit dem fiktiven Dialog zwischen einem karrieresüchtigen Priester und einem Sterbenden, dem der Pfarrer die Unterschrift unter ein dogmatisches Glaubensbekenntnis (vielleicht auch die Bulle unigenitus?) abzuringen sucht. Der eifrige Priester verlangt von dem Sterbenden die Unterschrift unter fünf Sätze, »die aus einem Buch stammen, daß weder Du noch ich gelesen haben«. Sofort solle er den Auffassungen von Lanfranc gegen Bérenger und von Thomas gegen Bonaventura zustimmen, für das zweite Nikäische Konzil sich erklären usw. Wenn er das nicht sofort tun wolle, würde sein Leichnam auf den Schindanger geworfen, seine Kinder und seine Frau nichts erben und die Familie betteln müssen. Der Sterbende antwortet, daß er nichts von dem, was man von ihm verlange, verstehe, aber durch die Drohungen beunruhigt sei und um Gnade bitte. Darauf der Priester: »Wenn Du nicht glauben kannst, was ich will, dann sage wenigstens, daß Du glaubst, das genügt mir.« In diesem Fall werde er ordentlich beerdigt und seine Familie gut versorgt werden. Der Sterbende ist entsetzt über die Forderung, er solle im Angesicht des Todes lügen und hält den ihn bedrängenden Priester aus gutem Grunde für gottlos. Noch einmal befiehlt der Priester, aber der Sterbende weigert sich standhaft, einen Meineid abzulegen und fragt: »Was für ein Interesse habt Ihr daran, mich so zu quälen?« Voltaire benützt also wieder die in der Aufklärung geläufige Vorstellung vom »Priesterinteresse«, um nicht die Religion, aber gewisse dogmatische Sätze und deren gewaltsame Durchsetzung zu »entlarven«: »Was für ein Interesse?« gibt der Priester zurück. »Wenn ich Deine Unterschrift habe, dann ist das so gut wie ein Kanonikat.« Als der Bedrängte gestorben ist, ohne unterschrieben zu haben, fälscht der fanatische Priester dessen Unterschrift und vollendet damit sein böses Werk.

Kein Zweifel, diese kleine Geschichte ist eine beißende Satire, aber angesichts der skandalösen Prozesse, in die sich Voltaire eingemischt hat, nimmt seine kritische Sicht der zeitgenössischen Kirche nicht wunder.

Endlich diskutiert Voltaire »den einzigen Fall, in dem die Intoleranz der Humanität entspricht«. Das ist nur dann der Fall, wenn »Irrtümer Verbrechen« sind und von Fanatikern verbreitet werden. Natürlich meint Voltaire hier die Jesuiten, die – nachdem sie 1762 in Frankreich verboten wurden – erst dann wieder toleriert werden dürften, wenn sie auf ihre Propagandamethoden verzichten würden. Und noch einmal erzählt der Autor eine kleine Geschichte. Ein Jesuit, ein Däne lutherischen Glaubens und ein Holländer geraten in China in Streit. Ein Mandarin, den sie zum Schiedsrichter wählen, ermahnt sie vergeblich zu Gelassenheit und Friedfertigkeit. Schließlich läßt er zwei von ihnen ins Gefängnis werfen. Auf die Frage eines Unter-Mandarins, wie lange sie dort bleiben sollen, erwidert der Mandarin: »Bis sie sich geeinigt haben« – »Ah«, meinte darauf der Unter-Mandarin, »dann werden sie lebenslänglich im Gefängnis bleiben müssen.« – »Nun gut, dann bis sie einander verziehen haben!« gibt der milde chinesische Richter nach. »Sie werden einander niemals verzeihen, ich kenne sie«, erwidert der Unter-Mandarin. »Nun gut«, sagt der Mandarin, »dann bis sie so tun, als ob sie einander verziehen hätten.« So weit geht die Toleranz des milden Richters mit den Intoleranten, daß er sich damit begnügen will, wenn die Streithähne wenigstens so tun, als würden sie einander dulden!

Der Pragmatiker Voltaire argumentiert im zwanzigsten Kapitel, daß es – angesichts der notorischen Schwäche des Menschengeschlechts – immer noch nützlicher sei, ein Volk im Aberglauben zu halten, als es ganz ohne religiöse Zügel zu lassen. »Ein vernünftelnder Gottloser, der zugleich heftig und stark wäre, wäre eine ebenso verderbliche Geisel des Menschengeschlechts wie ein blutrünstiger Abergläubischer. Überall, wo eine Gesellschaft eingerichtet ist, ist eine Religion nötig. Die Gesetze wachen über die bekanntwerdenden Verbrechen, die Religion über die geheimen.« Eines ähnlichen Arguments bedient sich Rousseau in seinem »Gesellschaftsvertrag«. Dort heißt es: »In jedem Staat, der von seinen Gliedern das Opfer ihres Lebens (im Krieg) verlangt, ist derjenige, der nicht an ein künftiges Leben glaubt, entweder ein Feigling«, der sich dem Kampf entzieht, »oder ein Narr«, der sein Leben aufs Spiel setzt, obwohl ihm dafür keine jenseitige Belohnung winkt.

Auch Rousseau, wenngleich er seine Argumentation anders anlegt, hält wie Voltaire den Jenseitsglauben der Religion für den Staat für unentbehrlich: Das Glaubensbekenntnis, das jeder Staatsbürger ablegen muß, die »religion civile«, ist gleichsam eine Art Minimalbekenntnis, das mit unterschiedlichen christlichen Konfessionen vereinbar ist. Es besteht aus vier Artikeln:

1. »Die Existenz einer mächtigen, intelligenten, wohltätigen, voraussehenden und vorsorgenden Gottheit«
2. »Das künftige Leben«
3. »Das Glück der Gerechten und die Bestrafung der Bösen«
4. »Die Heiligkeit des Sozialvertrages und der Gesetze«. Als einziges »negatives Dogma« kommt »die Intoleranz«, das heißt das Verbot der Intoleranz hinzu.

Da jedoch zwischen politischer und theologischer Intoleranz nicht unterschieden werden könne, hält Rousseau die Toleranz gegenüber den seiner Meinung nach intoleranten Katholiken für unmöglich. Es sei nämlich »unmöglich (für Katholiken), mit Menschen, die man für verdammt hält (wie den Protestanten), in Frieden zu leben; sie lieben, heiße Gott hassen, der sie bestraft; man muß sie unbedingt bekehren oder aber peinigen«. Überall, wo theologische Intoleranz Eingang gefunden habe, müsse sie unweigerlich einen gewissen Einfluß auf das bürgerliche Leben haben; und sobald sie Einfluß gewinne, sei der »Souverän nicht mehr Souverän, nicht einmal im Weltlichen«. Zwar gelte ganz generell, daß man »heutzutage, da es keine ausschließliche Staatsreligion mehr gibt, und nicht mehr geben kann, alle die Religionen tolerieren müsse, welche ihrerseits die anderen Religionen tolerieren, soweit ihre Dogmen in nichts den Pflichten des Staatsbürgers entgegenstehen«. Für Katholiken, die bekennen, daß es »außerhalb (ihrer) Kirche kein Heil gibt«, könne es aber keine Toleranz geben, es sei denn, »der Staat und die Kirche« wären eins und der Fürst der »oberste Priester«. Diese Bedingung aber findet Rousseau nur im Kirchenstaat erfüllt, und dort sei auch die katholische Religion angemessen.

Nachdem jedoch die Menschen eine »reine und heilige Religion« angenommen haben, heißt es bei Voltaire, sollte aller Aberglauben nach und nach verschwinden. Das gilt vor allem für alle möglichen abergläubischen Bräuche in der katholischen Kirche, von denen Voltaire nur die Verehrung des »Heiligen Nabels« erwähnt, die der Bischof von Châlons zu Recht verurteilt habe. Befreiten sie sich vom Aberglauben, werde das Ansehen der Bischöfe und des Klerus im aufgeklärten Frankreich wachsen. Von allen Arten des noch vorhandenen Aberglaubens sei jedoch »derjenige, der uns dazu anhält, unsere Nächsten ihrer Überzeugungen wegen zu hassen, der gefährlichste«. Wäre es nicht sogar vernünftiger – fragt Voltaire – weiter den »Heiligen Nabel« anzubeten, als »seinen Bruder zu verachten und zu verfolgen«?

Auch wenn Voltaire die Atheisten als unsichere Kantonisten von der allgemeinen Toleranz ausnehmen möchte, tritt er doch im übrigen für eine universelle Toleranz an: »Man brauche ja keine besondere Eloquenz, um zu beweisen, daß die Christen einander tolerieren müssen. Ich gehe aber noch weiter: ich sage, daß man alle Menschen als unsere Brüder ansehen muß! Was? Mein Bruder der Türke? Mein Bruder der Chinese? Der Jude? Der Siamese? Jawohl – zweifellos, denn sind wir nicht alle Kinder des gleichen Vaters, Geschöpfe eines Gottes?«

Wenn nun aber eingewandt werde, daß diese Völker »uns als Götzenanbeter verachten«, dann müsse man ihnen eben sagen, daß sie darin Unrecht haben. Einem stolzen Iman z. B. könne man etwa die folgende Rede halten: »Wir leben auf diesem kleinen Globus, der nur ein Pünktchen ist im Weltraum, wir sind verloren in der Unermeßlichkeit; der Mensch – etwa fünf Fuß hoch – ist gewiß nicht viel in der großen Schöpfung. Eins dieser kaum erkennbaren Wesen sagt zu einem seiner Nachbarn in Arabien oder im Land der Kaffern: ›Hört auf mich, denn der Gott aller Welten hat mich allein erleuchtet! Es gibt neunhundert Millionen dieser kleinen Ameisen wie wir auf der Erde, aber nur mein Ameisenhaufen liegt Gott am Herzen; alle anderen verabscheut er seit Ewigkeiten; nur unser Ameisenhaufen wird glückselig sein, alle anderen ewig unglücklich.‹ Hier würde mich der Iman unterbrechen und mich fragen, welcher Verrückte diese Dummheiten gesagt habe. Ich wäre dann gezwungen, zu erwidern: Ihr selbst. Dann würde ich versuchen, ihn wieder zu beruhigen, das wäre aber ziemlich schwer.«

»Sodann würde ich einem Christen, z. B. einem dominikanischen Inquisitor sagen: ›Mein Bruder, Ihr wißt, daß jede Provinz Italiens ihren eigenen Dialekt hat, daß man in Venedig und Bergamo nicht so spricht wie in Florenz. Die Akademie der Crusca hat die Sprache festgelegt: ihr Wörterbuch ist eine Regel, von der man nicht abweichen soll, und die Grammatik von Buonmattei ist ein unfehlbarer Leitfaden, den man zu befolgen hat; glaubt Ihr aber, daß der Konsul der Akademie und in seiner Abwesenheit Buonmattei guten Gewissens allen Venetianern und Bergamasken die Zunge hätte abschneiden dürfen, soweit sie auf ihrem Dialekt bestanden hätten?‹ Darauf erwidert der Inquisitor: ›Es gibt einen gewaltigen Unterschied – hier geht es nämlich um das Heil der Seele; zu Eurem Seelenheil hat der Direktor der Inquisition angeordnet, daß Ihr ergriffen werdet – auf Grund der Aussage einer einzigen Person, selbst wenn diese übel beleumundet sein sollte, daß Ihr ohne Anwalt zu Eurer Verteidigung bleibt und daß Ihr den Namen Eures Anklägers nicht erfahren sollt; daß der Inquisitor Euch Gnade versprechen darf, um Euch anschließend zu verdammen; daß er Euch fünf verschiedenen Foltern aussetzen darf, um Euch anschließend auszupeitschen, auf die Galeeren zu bringen oder in einer Zeremonie verbrennen zu lassen... diese fromme Praxis duldet keinen Widerspruch.‹ Darauf nähme ich mir die Freiheit zu erwidern: ›Vielleicht habt Ihr ja Recht, ich bin überzeugt von dem Wohl, das Ihr mir zufügen wollt; aber kann ich nicht auch ohne all das gerettet werden?‹« Zum Glück sei ja die Zeit der Inquisition vorbei. Religiöse Vorurteile seien jedoch noch nicht verschwunden.

»In Europa gibt es vierzig Millionen Christen, die nicht der römisch-katholischen Kirche angehören; sollen wir zu jedem einzelnen von ihnen sagen: ›Mein Herr, angesichts der Tatsache, daß Ihr unvermeidlich in alle Ewigkeit verdammt sein werdet, weigern wir uns, mit Euch zu speisen, Verträge mit Euch abzuschließen oder uns zu unterhalten?‹« Das wäre in der Tat – so Voltaires These – mehr als absurd. Dann wendet er sich in einem Gebet an den allmächtigen und barmherzigen Gott und bittet ihn, Haß und Verfolgungen unter den Gläubigen der verschiedenen Religionen zum Verschwinden zu bringen. Er möge doch dafür sorgen, »daß unsere Irrtümer kein Unglück über uns bringen!« Denn er habe »uns doch kein Herz gegeben, um einander zu hassen, keine Hände, um einander umzubringen«. Er bittet um Beistand, »daß wir uns gegenseitig helfen, die Last eines schmerzlichen und vergänglichen Lebens zu tragen!« Schließlich soll Gott auch dazu beitragen, daß aus den so geringfügigen Unterschieden der Kleidung, der Sprachen, der Gebräuche und Gesetze, der Ansichten und der sozialen Stellung nicht Feindschaft und Zwietracht entstehen. »Möchten doch alle Menschen sich daran erinnern, daß sie Brüder sind! Möchten sie alle die Vergewaltigung der Seele verabscheuen, wie sie die Räuberei verabscheuen... Laß uns den Augenblick, den wir zu leben haben, nutzen, in tausend Sprachen – von Siam bis Kalifornien – gleichmäßig Deine Güte zu segnen, die uns diesen Augenblick geschenkt hat.« Gegenüber der allgemeinen Gotteskindschaft – so Voltaires Einsicht – wiegen die mannigfaltigen Unterschiede, durch die sich Individuen und Völker voneinander abheben, nur wenig. Diese Unterschiede sollten daher gelassen ertragen werden und nicht Anlaß für Haß und Feindschaft werden.

Im Jahr 1765 erscheint die »Encyclopédie«, in der mit dem aufklärerischen Willen zur Vollständigkeit das gesamte zeitgenössische Wissen gesammelt ist. Der Toleranz ist ein elfspaltiger Artikel gewidmet, der von »Romilli le fils« stammt. Zur Ergänzung muß der Artikel »Fanatisme« hinzugezogen werden, da Fanatismus als die Quelle aller Intoleranz angesehen wird. Ein weiterer Hinweis führt zum Artikel Superstition, dem Aberglauben, den der Verfasser zwar von der wahren christlichen Religion unterscheidet, der jedoch – wie schon Voltaire festgestellt hatte – vielfach in den Alltagsglauben frommer Christen eingedrungen ist. Besonderes Interesse verdient endlich auch der zwanzigspaltige Artikel über die Lage der Juden in der Welt und ihre ungerechten Verfolgungen. Nicht nur auf ihre Fähigkeit, ihre Identität in der Diaspora zu bewahren, wird hier verwiesen; der Verfasser liefert auch ganz modern anmutende Erklärungen für ihre soziale Lage. Die habgierige Besteuerung der »Schutzjuden« in zahlreichen europäischen Staaten und die »Bestrafung« der Städte, in denen Juden zum Christentum übertreten – wodurch dem König oder Kaiser Einnahmen entgehen, für welche die Städte »Ersatz« leisten müssen – werden in ihrer Auswirkung beschrieben. Abschließend werden die Herrscher der Toskana, Hollands und Englands für ihre tolerante Haltung gegenüber der jüdischen Minderheit gelobt. Die Erfindung des Wechsels als Zahlungsmittel gilt dem Verfasser – dem Chevalier de Jaucourt – als geniale Erfindung der von Verfolgung und Konfiskation bedrohten Juden, die sich 1318 – nachdem sie von Philipp dem Langen aus Frankreich verbannt worden waren – in der Lombardei niedergelassen hätten.

Verfolgungen und Gewalt – so die Einsicht des Verfassers in diesem Artikel – tragen weit eher dazu bei, jemanden in seinen Überzeugungen zu festigen. Das gilt für den Aberglauben ebenso wie für die wahre Religion. Fortschritte in Richtung auf die Wahrheit werden jedoch mit Sicherheit nur unter den Bedingungen der Freiheit gemacht. Deshalb sei die Toleranz ein einfaches Gebot der Klugheit. Durch das Verbot des systematischen Zweifels und der Überprüfung von Aussagen wird der Irrtum verewigt, der Fortschritt der Erkenntnis verhindert.

Allgemein verbreitete Intoleranz führt zu »Meinungs-Kriegen« und widerspricht den aufgeklärten Interessen gerade auch der Christen. Denn, was »könnten wir einem asiatischen Fürsten vorwerfen oder einem Herrscher der Neuen Welt, der den ersten Missionar, den wir zu ihm schicken, aufhängen ließe? Ist nicht die erste Pflicht eines jeden Souveräns, Frieden und Ruhe des Landes sicherzustellen und all jene gefährlichen Personen... zu verbannen, die anfangs ihre Schwäche scheinheilig als Sanftmut tarnen, sobald sie aber Macht haben, ihre barbarischen und aufrührerischen Dogmen gewaltsam zu verbreiten suchen?«

Jede gewaltsame Bekehrung führt nur zu Scheinheiligkeit. »Gott hat niemals geboten, daß die Völker ihr Gewissen nach dem Willen ihrer Monarchen beugen sollen, und kein Mensch kann guten Glaubens dazu verpflichtet werden, dasselbe für wahr zu halten und zu denken wie sein Fürst... Nichts ist freier als die Gefühle, wir können äußerlich mit dem Munde der Meinung eines anderen beipflichten, aber es ist uns unmöglich, innerlich – gegen unsere eigne Einsicht – zuzustimmen, ohne damit aufzuhören, was wir sind.« Die Zwangsbekehrung nimmt dem Menschen seine Identität.

Immer wieder kommen die Aufklärer auf den Gedanken zurück, daß die Menschennatur eine Schwäche und Auffälligkeit für Irrtümer auszeichnet. Es gilt daher, »ohne Ausnahme die Rechte des Gewissens zu respektieren in allen Angelegenheiten, die nicht die Ruhe der Nation stören. Spekulative Irrtümer sind für den Staat gleichgültig. Unter so unvollkommenen Wesen wie den Menschen wird stets eine Verschiedenheit von Meinungen herrschen. Die Wahrheit erzeugt Häresien wie die Sonne Schmutz und Flecken hervorbringt. Verschlimmern Sie also nicht ein unvermeidliches Übel, indem sie Feuer und Schwert benützen, um es auszurotten«, ermahnt Romilli die Machthaber. »Bestrafen Sie Verbrechen, aber haben Sie Mitleid mit dem Irrtum, und verleihen Sie der Wahrheit niemals andere Waffen als Sanftmut und das (gute) Beispiel sowie die Überredung.«

Nur diejenigen, die »unter dem Vorwand der Religion die Gesellschaft in Aufruhr versetzen, Aufstände anzetteln und das Joch der Gesetze abschütteln wollen«, sollten mit der ganzen Strenge der Gesetze bestraft werden. »Diejenigen aber, die nur die Freiheit zu Denken und ihren Glauben, den sie für den besten halten, zu bekennen beanspruchen«, dürfen mit jenen Schuldigen nicht verwechselt werden.

Der Artikel »Fanatisme« stammt aus der Feder M. Deletres, der eine Analyse der Philosophie des Kanzlers Bacon verfaßt hat. Fanatismus wird definiert als »blinder und leidenschaftlicher Eifer, der aus abergläubischen Vorstellungen hervorgeht und zu lächerlichen, ungerechten und grausamen Handlungen führt. Diese werden nicht nur ohne Scham und Gewissensbisse, sondern sogar mit einer gewissen Freude und Genugtuung begangen.« Auf diese Definition folgt ein anschauliches und buntes Bild der unterschiedlichsten religiösen Wahnvorstellungen und Riten, die sich der Verfasser um einen Zentralaltar riesigen Ausmaßes gruppiert vorstellt. Gottheiten, die von den Menschen blutige Opfer verlangen und die ihre Anhänger zu Verfolgern der Anhänger anderer religiöser Überzeugungen erziehen, werden mit kräftigen Farben beschrieben. Hauptthema sind dabei die Menschenopfer. Sodann wird die Ausbreitung des Islam in Asien und Afrika mit Feuer und Schwert beschworen. Erst nachdem ferne Kulte und der Islam gründlich verurteilt worden sind, kommen die Christen und ihr Fanatismus zur Sprache. Die Kreuzzüge und ihre sinnlosen Versuche der Eroberung des heiligen Grabes sowie die Gelassenheit der römischen Katholiken angesichts des Untergangs von Ostrom werden angeprangert. Dabei habe der Ehrgeiz der Großen den Fanatismus der Menge immer wieder nur benützt, um die eignen Ziele durchzusetzen. Der krasse Gegensatz zwischen dem »Inhalt« der Lehre Christi und dem Verhalten der kriegerischen Christen wird auch in diesem Artikel mehrfach hervorgehoben.

Deletre macht sechs Quellen des Fanatismus namhaft: 1. widervernünftige Dogmen, 2. eine grausame Moral, 3. eine Verwirrung unter den verschiedenen Pflichten, 4. die Verwendung diffamierender Strafen, 5. die Intoleranz einer Religion gegenüber den anderen oder einer Sekte gegenüber anderen der gleichen Religion und schließlich 6. die Verfolgung.

Fanatismus ist für den Verfasser einmal der Ursprung von Intoleranz und zum anderen die Folge der Intoleranz. Aus den wegen ihrer religiösen Überzeugungen Verfolgten werden leicht Fanatiker, die dann – ihrerseits – wieder zu Verfolgern werden, sobald sich ihnen die Gelegenheit dazu bietet.

Im nächsten Abschnitt vergleicht der Autor den Fanatismus mit einer Krankheit und diagnostiziert unterschiedliche Erscheinungsformen fanatischer Gesinnung: eine melancholisch-apathische und eine cholerisch-aktivistische.

Wo sich ein Regierungssystem völlig auf Religion stütze, wende sich der Fanatismus in erster Linie nach außen – wie etwa beim Islam –, und ein solchermaßen fanatisiertes Volk werde »zum Feind des Menschengeschlechtes«. Wo die Religion eine Rolle im Gemeinwesen spiele – wie in christlichen Staaten –, könne ein »schlechtverstandener religiöser Eifer zur Spaltung unter den Bürgern und zu inneren Kriegen führen«. Es sei dabei schwer, weltliche und geistliche Macht sauber voneinander zu trennen, und oft komme es dahin, daß die Bürger gleichsam zwischen beiden Mächten erdrückt würden. In England (hier denkt der Autor an die Zeit Cromwells) sei es zum offenen Konflikt zwischen Priestern und weltlichen Behörden gekommen. Was also könne man tun, um den unheilvollen Fanatismus zu überwinden? Weder die radikale Verfolgung wie sie die Inquisition praktiziert habe, noch totale Freiheit hält der Verfasser für geeignet, den Fanatismus zu überwinden. Allein die Ausbreitung aufgeklärten Denkens könne helfen: »Der philosophische Geist ist der große Friedensstifter der Staaten. Es ist vielleicht schade, daß man ihm nicht von Zeit zu Zeit Vollmacht erteilt.« – »Etwas Toleranz und Mäßigung« sei angebracht, vor allem aber könne man die Fanatiker dadurch zurückdrängen, daß man sie wenig beachte und lächerlich mache. Die Gefährlichkeit todesbereiter fanatischer Anhänger einer intoleranten Religion dürfe aber nicht unterschätzt werden. Wer überzeugt ist, durch seine blutigen Taten – nach dem Tod – sofort in den Himmel zu kommen, der scheue vor keiner Grausamkeit im Dienste seiner Überzeugung zurück.

Es ist gewiß bemerkenswert, daß auch dieser Artikel mit einem Gebet an die Gottheit endet. Bei aller Distanz gegenüber der zeitgenössischen Kirche fehlt es den französischen Aufklärern – von den wenigen Materialisten und Atheisten einmal abgesehen – nicht an religiösem Empfinden. Ihre Gottesvorstellung entspricht einem sittlich geläuterten, von den als unnötig angesehenen Dogmen befreiten Christentum, für das die Gestalt Jesu im Mittelpunkt steht. Das Gebet lautet (im Auszug) wie folgt:

»Du, der Du das Wohl aller Menschen willst und niemandem den Untergang wünschst, denn Du freust Dich nicht am Tod des Bösen, befreie uns nicht von den Verwüstungen des Krieges und der Erdbeben (1755 hatte ein Erdbeben Lissabon zerstört und den Optimismus der Zeitgenossen zutiefst verunsichert), denn das sind vorübergehende und begrenzte Übel... sondern von der Wut der Verfolger, die Deinen heiligen Namen im Munde führen. Belehre sie darüber, daß Du Blutvergießen haßt und daß der Geruch verbrannten Fleisches nicht bis zu Dir aufsteigt... Kläre die Zeloten auf, damit sie sich wenigstens hüten, den Holocaust mit der einfachen Tötung zu verwechseln. Erfülle sie so sehr mit Selbstliebe, daß sie ihre Nächsten vergessen können, denn ihre Frömmigkeit ist nur eine zerstörerische Tugend. Welcher Mensch, den Du mit Deiner Rache betraut hättest, wäre nicht hundertmal schuldiger als die Opfer, die er hinschlachtet? Laß sie verstehen, daß weder Vernunft noch Gewalt, sondern allein Deine Erleuchtung und Deine Güte die Seelen auf Deine Wege hinlenken und daß es eine Beleidigung Deiner Macht ist, wenn man den weltlichen Arm hier einmischt. Du willst uns ja nicht gegen unseren Willen retten. Warum ahmt man dann nicht die Sanftmut Deiner Gnade nach, und versucht mich statt dessen durch Einschüchterung dahin zu bringen, Dich zu lieben? Breite den Geist der Menschlichkeit auf Erden aus und jenes universelle Wohlwollen, das uns mit Verehrung für all jene Wesen erfüllt, mit denen wir das wertvolle Geschenk des Gefühls teilen.« Wertvoller als Gold und Edelsteine ist ja »vor Dir das Gelübde eines zärtlichen und mitleidigen Herzens...«

Erstaunlich ist, daß in diesem Artikel der »Encyclopédie« auch schon der »patriotische Fanatismus« mitbehandelt wird. Einerseits drückt der Verfasser durchaus seine Bewunderung für die Heldentaten fanatischer römischer Patrioten aus; andererseits sieht er aber auch schon die Gefahren, die aus einem grenzenlosen patriotischen Fanatismus entspringen können. Er warnt daher, man möge den »nichtigen Demagogen«, die er Declamateurs nennt, »die sich ohne Unterschied für alle Vorurteile eines Staates begeistern«, nicht mit jenen ruhmreichen römischen Patrioten wie Brutus und Cato verwechseln. Jene Demagogen nämlich »ziehen ihr eigenes Land nur deshalb vor, weil sie dort geboren sind«. Ihnen hält er ein Gedicht entgegen, in dem eine Mutter ihren Mann dringend ersucht, den Sohn nicht für den König in den Krieg zu schicken. Die Sohnes- und Gattenpflichten seien von Gott verordnet, alle übrigen aber nur menschlichen Ursprungs. Mit der Verwirklichung demokratischer Verhältnisse wird diese kritische Distanz der Aufklärer gegenüber dem Patriotismus freilich bald erschüttert werden.

Liberale des 19. Jahrhunderts und die Institutionalisierung von Toleranz in Verfassungstexten

In den Verfassungen des 18., 19. und 20. Jahrhunderts wird der entscheidende Schritt zur institutionellen Absicherung der Religionsfreiheit gemacht. Toleranz ist hier in den Menschen- und Bürgerrechtsartikeln implizit enthalten. So heißt es schon in der Erklärung der Bürger- und Menschenrechte vom 26.8.1789 in Artikel 1: »Die Menschen sind und bleiben von Geburt an frei und gleich an Rechten. Soziale Unterschiede dürfen nur im gemeinen Nutzen begründet sein.« Damit war jedenfalls – im Prinzip – auch die eingeschränkte Rechtsstellung der Juden in Frankreich nicht mehr vereinbar. Es dauerte jedoch geraume Zeit, bis, am 27.9.1791, die Assemblée endlich – gegen den Widerstand zahlreicher Abgeordneter aus dem Elsaß – die volle Gleichberechtigung der Juden als Citoyens dekretierte. Ähnliche Bestimmungen wie in Artikel 1 der Erklärung der Menschen- und Bürgerrechte tauchen auch in den Verfassungen von 1791 und 1793 sowie in späteren Verfassungstexten auf. Explizit hielt man es erst später für notwendig, ausdrücklich darauf hinzuweisen, daß niemand seiner religiösen Überzeugung wegen verfolgt oder benachteiligt werden dürfe. Die französische Charta von 1814 führte »die katholisch-apostolische Religion als Religion des Staates« ein, die Revolution von 1830 schaffte dieses Privileg der Katholiken wieder ab. 1848 bestimmt Artikel 7 der französischen Verfassung: »Jeder kann seine Religion frei bekennen und empfängt vom Staate einen gleichen Schutz zur Ausübung seines Gottesdienstes.« Im gleichen Jahr gewährt auch die österreichische Verfassung »allen Staatsbürgern die volle Glaubens-, Gewissens- sowie die persönliche Freiheit« (Art. 17). Die Paulskirchen-Verfassung fügt in Artikel V, 9, 144 zur Gewissensfreiheit sogar den Satz hinzu: »Niemand ist verpflichtet, seine religiöse Überzeugung zu offenbaren.« Artikel 3 des Grundgesetzes von 1949 bestimmt ausdrücklich: »Niemand darf wegen seines Geschlechts, seiner Abstammung, seiner Rasse, seiner Sprache, seiner Heimat und Herkunft, seines Glaubens, seiner religiösen oder politischen Anschauungen benachteiligt oder bevorzugt werden.« Das ist die umfassendste rechtliche Vorkehrung gegen Intoleranz in irgendeiner geltenden Verfassung. Einen Schritt darüber hinaus geht allerdings Artikel 1 der »Verfassung des Runden Tisches« aus dem Jahr 1990, in dem es heißt: »Niemand darf wegen seiner Rasse, Abstammung, Nationalität, Sprache, seines Geschlechtes, seiner sexuellen

Orientierung, seiner sozialen Stellung, seines Alters, seiner Behinderung, seiner religiösen, weltanschaulichen oder politischen Überzeugungen benachteiligt werden.« Hier sind die sexuelle Orientierung, die soziale Stellung und die weltanschauliche (im Unterschied zur religiösen oder politischen) Überzeugung zu den tolerierten Unterschieden hinzugekommen. Auf immer neue Formen der als repressiv empfundenen Benachteiligung reagiert der liberale Rechtsstaat mit einer Erweiterung des Toleranzgebotes.

Ausführliche Abhandlungen über »Duldung« finden sich vor allem in den Publikationen der Liberalen des 19. Jahrhunderts. Ein besonders eindrucksvoller Artikel ist der Carl von Rottecks in dem von ihm und Carl Welcker herausgegebenen »Staatslexikon«, das seit 1834 erschien und zum klassischen Hausbuch des gebildeten Liberalismus in Süddeutschland wurde.

Von Rotteck unterscheidet Toleranz der Kirchen gegenüber ihren Gläubigen und staatliche Toleranz. Daß Kirchen von ihren Gläubigen ein gewisses Maß an Konformität verlangen, hält er für verständlich und legitim. Es ist das Recht jeder Kirche, bestimmte Glaubenssätze und Riten verbindlich vorzuschreiben. Sie darf aber denjenigen, die sich diesen Vorschriften verweigern, keine anderen Strafen als Ermahnungen und zuletzt die Exkommunikation androhen. Jede Form von Zwang, der darüber hinausgeht, ist ihr versagt. Auch darf sich der freiheitliche Staat nicht zum Ausführungsgehilfen kirchlicher Intoleranz machen lassen. »Die Kirche ... als solche kann durchaus keine andere Gewalt ansprechen, als welche in Lehre, in Anordnung des Gottesdienstes und in zwangloser Ausspendung der für Gläubige wirksamen und bestimmten geistlichen Güter besteht.« Weder haben die Gläubigen einen »Rechtsanspruch« auf dauernden Verbleib in ihrer Kirche, noch die Kirchen einen Anspruch auf Festhalten eines Gläubigen, der sich von ihnen trennen will.

Thema ist für von Rotteck in erster Linie die staatliche Toleranz. Sie ergibt sich aus der Definition des Staatszwecks, der in dem Schutz und der Bewahrung des physischen Menschen und seiner freien Tätigkeit gesehen wird. Religiöse Überzeugungen, Gesinnungen und Handlungen können daher nur dann Gegenstand staatlicher und rechtlicher Regelung sein, wenn sie das »bürgerliche Gesamtwohl verletzen«. Das wird allerdings nur selten der Fall sein. Umgekehrt hat der Bürger »auch gegenüber der Staatsgewalt das volle und vollständige Recht des freien Religionsbekenntnisses und des ... Gottesdienstes«. Falls er jedoch über die Hausandacht hinaus, zusammen mit Gleichgesinnten einen öffentlichen Gottesdienst ausüben will und als öffentlich-rechtliche Körperschaft Anerkennung fordert, muß er mit dem Staat Verhandlungen aufnehmen. Er kann aber auch auf staatliche Lizenz verzichten und ist dann dennoch befugt, in einer Kirche Gottesdienste abzuhalten.

Der Staat soll darüber hinaus keine Religionsgemeinschaft bevorzugt fördern. Jedenfalls hält es von Rotteck nicht für gut, wenn es eine »Staats-

oder herrschende Kirche« gibt. Der rechtliche Unterschied zwischen einer »rezipierten« und einer bloß »tolerierten« Kirche sei in der Praxis allerdings nicht so groß, und in der Regel entwickle sich die zunächst bloß geduldete Kirche allmählich zu einer »rezipierten«.

Der längste Teil des über zwölf Seiten einnehmenden Artikels im »Staatslexikon« besteht aus einem Abriß der Geschichte der Intoleranz. Dabei kritisiert von Rotteck außerordentlich scharf die sehr beschränkte »Religionsfreiheit«, die der Religionsfrieden von Augsburg 1555 und der Westfälische Frieden 1648 jeweils nur den Fürsten und Reichsständen gewährte, während gleichzeitig die »Masse der Nation... in bezug auf das Recht der Gottesverehrung von... der Gnade ihrer Landesherren« abhängig blieb. Das Recht, sich durch Auswanderung einem nicht gewollten Bekenntnis zu entziehen, sei sogar oft zu einem »Auswanderungsbefehl« der Landesherren geworden.

»Politische Rätlichkeit und Menschenpflicht« hätten dann schließlich einige Souveräne – wie Joseph II. und Friedrich II. – dazu veranlaßt, religiöse Toleranz walten zu lassen. Das Allgemeine Preußische Landrecht von 1794 gestattet »eine vollkommene Glaubens- und Gewissensfreiheit« – allerdings nur für die christlichen Untertanen. Die Deutsche Bundesakte von 1815 hat endlich die Bestimmungen des Westfälischen Friedens und die Bindung der Untertanen an das Bekenntnis ihres Fürsten aufgehoben. In ihr heißt es: »Die Verschiedenheit der christlichen Religionsparteien kann in den Ländern und Gebieten des deutschen Bundes keinen Unterschied in dem Genuß der bürgerlichen Rechte begründen« (Artikel 16). Allerdings galt dieser Artikel zunächst wieder nur für die »drei Hauptparteien«, d. h. die Katholiken, die Lutheraner und die Reformierten, nicht jedoch für die »Nebensekten« wie die Wiedertäufer, Herrenhuter, Separatisten usw. »Nichtchristliche Konfessionen sind übrigens« – so fügt von Rotteck kritisch hinzu – »in ganz Deutschland von dem rechtlichen Anspruch auf Duldung ausgeschlossen.« 1846 fügt Carl Welcker dem Artikel »Emanzipation der Juden« im gleichen Lexikon den Hinweis auf die »vollständige staatsbürgerliche Gleichstellung der Juden mit den Christen« durch eine Entschließung des letzten badischen Landtags hinzu.

Die Tatsache, daß die deutschen Länder in Europa im Hinblick auf religiöse Toleranz relativ fortgeschritten sind, führt von Rotteck auf die Vielstaatlichkeit und auf das Interesse der protestantischen Fürsten am Kircheneigentum zurück, keineswegs auf ein besonders aufgeklärtes und tolerantes politisches Klima. Dennoch sieht es mit der religiösen Toleranz in den Staaten mit weithin homogener konfessioneller Bevölkerung weit schlechter aus als in Deutschland. Von Rotteck verweist auf das vorrevolutionäre Frankreich und findet im Jahre 1846 – die Ausgabe des »Staatslexikons« aus diesem Jahr liegt meinen Ausführungen zugrunde – die Verhältnisse in Skandinavien weit hinter den deutschen zurückliegend, und auch die Katholiken-Emanzipation in England war damals noch jüngeren Datums. Am geringsten sei allerdings die Toleranz in Spanien und Portugal, am großartigsten in den Vereinigten Staaten, deren frühe Einwanderer ja oft genug vor religiösen Verfolgungen aus Europa geflohen waren.

Während Deletre am Ende seines Artikels über den Fanatismus einen kurzen Blick auf patriotischen Fanatismus warf, der erst wenige Jahrzehnte später sich mächtig entfalten sollte, macht von Rotteck besorgt auf die beginnende politische Unduldsamkeit aufmerksam, die »in unseren Tagen an die Stelle der vor dem Geist der Zeit mehr und mehr entweichenden religiösen Intoleranz« trete. Beginnend mit der jakobinischen Schreckensherrschaft stelle man inzwischen eine ähnliche intolerante Verhaltensweise auch bei der »aristokratischen und absolutistischen Reaktionspartei« fest. Dieser Intoleranz sei »auch schwerer zu steuern als der religiösen, weil die selbstsüchtigen Interessen ihr fortwährend Nahrung geben, und also die Aufklärung nicht hinreicht, um sie zu entwaffnen«. Wo es zwischen Anhängern verschiedener Religionen oder Konfessionen zum Konflikt gekommen ist, seien in der Regel auch manifeste Interessen (wie z. B. die des englischen Adels an der Ämterpatronage in der Established Church of England) im Spiel gewesen, ohne die verschiedene Religionsgemeinschaften friedlich nebeneinander hätten bestehen können. Dagegen seien »politische Ideen ihrer Natur und Wesenheit nach einander nicht nur theoretisch, sondern auch praktisch entgegengesetzt. Sie können nicht nebeneinander sich geltend machen oder behaupten, sondern jede nur auf Unkosten oder mit Besiegung aller übrigen. Republik und Autokratie, konstitutionelles System und Absolutismus, Demokratie und Aristokratie schließen sich gegenseitig aus oder streben naturgemäß wenigstens nach tunlicher Zurückdrängung eine der andern. Daher ist eine aufrichtige Befreundung oder gegenseitige Liebe zwischen ihnen nicht wohl denkbar; und die Forderung der Toleranz beschränkt sich bei ihnen auf gegenseitiges Erlauben oder Dulden aller rechtmäßigen, d. h. dem Recht nicht widersprechenden Mittel, sich geltend zu machen oder in Geltung zu erhalten.« Hier werden also bestimmte Verfahrensregeln zum einzigen Kriterium für den wünschbaren toleranten Umgang konkurrierender politischer Parteien miteinander. Weder die gemeinsame Gotteskindschaft noch die von Jesus vorgelebte Menschenliebe können dabei helfen. »Die erste und wichtigste Forderung ist hiernach (für politische Parteiungen) die der sich wechselseitig zu gewährenden freien Rede, d. h. der freien Mitteilung seiner Rechtfertigungsgründe. Wer in einem Meinungskampfe den Vorteil seiner äußeren Stellung benutzt, um seinem Gegner die ruhige Verteidigung einer ehrlichen Überzeugung direkt oder indirekt unmöglich zu machen, der mißbraucht seine Gewalt und lädt wenigstens den Verdacht auf sich, als scheue er sich, den Kampf mit dem Gegner zu bestehen, als mißtraue er seiner Sache, wenn sie vor den Richterstuhl der Vernunft und der aufgeklärten öffentlichen Meinung gebracht werde, und als verweigere er... dem Gegner die Gleichheit der Waffen.« Als zweite Forderung für den toleranten Umgang politischer Gegner miteinander nennt von Rotteck,

»daß keine Äußerung einer politischen Gesinnung, keine dahin gehörige Handlung, Rede oder Lehre, die da nicht wirklich verbrecherisch oder zu Verbrechen absichtlich aufreizend... ist, als eine strafwürdige verdammt oder zum Grund der Verfolgung des Urhebers... gemacht werde«.

Greuel der schrecklichsten Intoleranz wie während der Jakobinerherrschaft in Frankreich seien immerhin – angesichts des Zustandes des Landes und der »ein ganzes Volk durchdringenden fieberhaften Aufregung« – »psychologisch erklärbar, ja bis zum gewissen Grade entschuldbar«. Mitten in Zeiten der Ruhe und des Friedens dürfe man aber eine vergleichbare Intoleranz keinesfalls zulassen.

Auf 22 Seiten behandelt K. Steinacker im gleichen Band des »Staatslexikons« die »Emanzipation der Juden«, worunter er »deren Gleichstellung mit den übrigen Staatsbürgern in den politischen und bürgerlichen Rechten« versteht. Auf eine detaillierte Geschichte des Schicksals der Juden vom Fall Jerusalems bis ins 18. Jahrhundert folgen Überlegungen zur Emanzipation und Auseinandersetzungen mit den bekanntesten Einwänden, die damals (und noch lange danach) gegen die völlige Gleichstellung der jüdischen Einwohner mit den christlichen Staatsbürgern gemacht wurden. Die beginnende Emanzipation der Juden in Deutschland habe ganz wesentlich zum kulturellen Aufschwung beigetragen. Das Buch C. K. W. von Dohms »Über die bürgerliche Verbesserung der Juden« (Berlin 1781 und 1783) habe für die allgemeine Emanzipation der Juden das Terrain bereitet. Die Französische Revolution und die – auch in den linksrheinischen deutschen Ländern später eingeführten – französischen Gesetzbücher brachten einen weiteren Fortschritt, der durch die Deutsche Bundesakte befestigt werden sollte, in der Folge jedoch weithin wieder verlorenging.

Systematisch prüft der Verfasser im Hauptteil seines Artikels die Frage, ob die in Deutschland lebenden Juden zu Recht das volle Staatsbürgerrecht beantragen. Dabei untersucht er diese Frage zunächst positiv rechtlich und stellt fest, daß sie auf Grund des Artikels 16 der Bundesakte von 1814 dazu in der Tat befugt wären. Tatsächlich seien jedoch die Forderungen der Bundesakte in den verschiedenen deutschen Staaten nur höchst unzulänglich realisiert worden.

Es sei daher nützlich, das Vernunftrecht zu Rate zu ziehen, um festzustellen, ob jene, die den Juden das volle Staatsbürgerrecht – oder vielmehr die Ausübung der Staatsbürgerrechte – verweigern, Recht haben oder die Anwälte der Emanzipation. Der Staat habe zwar das Recht gehabt, Einwanderer zurückzuweisen oder ihren Aufenthalt an bestimmte Bedingungen zu knüpfen; das gelte jedoch nicht für deren im Lande geborenen Nachkommen. »Das Vernunftrecht kann, ohne sich selbst in seinem eigentümlichsten Prinzip zu zerstören, nicht sagen oder die Satzung gutheißen: der Sohn eines Staatsbürgers hat Anspruch auf das Staatsbürgerrecht, der Sohn eines Juden aber nicht; vielmehr stehen beide in dieser Beziehung auf einer Linie, die Ansprüche sind bei beiden gleich, und wenn das Gesetz diese Gleichheit aufhebt, so ist es ungerecht.« Die Nachkommen der eingewanderten Juden dürften aus dem Staatsgebiet nicht wieder vertrieben werden.

Die Gegner der Emanzipation behaupten dagegen, daß die Juden durch ihren spezifischen Glauben und ihren Volkscharakter sowie ihre Lebensweise und Tätigkeit nicht in einen christlichen Staat passen, und endlich sei auch die »öffentliche Meinung« der Gleichstellung der Juden feindlich. K. Steinacker geht diese Einwände nacheinander gründlich durch. Wenn der Staat gewisse sittliche Mindestanforderungen an seine Bürger stellen dürfe, dann seien diese durch den mosaischen Glauben mindestens ebenso zuverlässig gewährleistet wie durch eine der christlichen Konfessionen. Es sei einfach nicht wahr, »daß die Religion der Juden... mit dem höchsten Zwecke christlicher Staaten nicht in voller Harmonie stehe«. Daß die jüdische Religion, als die »Stammreligion des Christentums, welche mit diesem einen großen Teil der Quellen gemein hat«, Grundsätze enthalte, welche »mit dem Staatszweck nicht vereinbar« seien, werde sich schwerlich beweisen lassen. Der jüdische Glaube fordere nichts, was nach christlichen Begriffen unrecht und staatsverderblich genannt werden könnte. Wenn aber gesagt werde, die jüdische Religion sei im Laufe der Jahrhunderte verdorben, so könne man genauso die Gegenfrage stellen, wie es denn mit dem zeitgenössischen Christentum im Vergleich zur Religion der frühen Christen bestellt sei. Vor allem aber beweise doch das Beispiel des frommen Juden Moses Mendelssohn, wie würdig heutige Juden seien, »das Staatsbürgerrecht zu erhalten«. Die Religion allein könne es also doch wohl nicht sein, wodurch die Juden dem Staate gefährlich werden.

Es folgt der nächste Einwand: die »Nationalität der Juden sei ein Hindernis«. Man könne von jüdischen Staatsbürgern keine patriotische Gesinnung und Haltung erwarten. Dagegen spricht aber – wie der Verfasser betont – die jüngste Erfahrung. Nach ihrer Emanzipation haben Juden Frankreich tapfer als Soldaten gedient, und an den Befreiungskriegen haben auf deutscher Seite gleichfalls Juden teilgenommen. Solange man der jüdischen Bevölkerung freilich keinerlei Rechte im Staat einräumte, konnte man von ihnen auch keine Begeisterung für ein »Gastland« erwarten, das sie öfter verfolgte und unterdrückte als schützte. Die Kritiker des »jüdischen Nationalismus« verwechselten Ursache und Wirkung. Durch ihre Verfolger würden sie auf den Umgang mit ihresgleichen eingeschränkt und zu festen Zusammenschlüssen in ihren Gemeinden gezwungen. Die Juden hätten sich nicht böswillig abgesondert, sie wären in Ghettos gedrängt worden.

Auch der dritte Einwand verwechsle Ursache und Wirkung. Er hält den Juden vor, daß sie vorwiegend mit Handel und Geldgeschäften ihren Lebensunterhalt bestreiten. Aber auch dazu wären sie durch den Ausschluß von den Zünften und durch das Verbot von Grunderwerb gezwungen worden. Sobald ihnen andere Beschäftigungen eröffnet würden, würden sie sie ergreifen und dort zum Wohle des Gemeinwesens beitragen. – Oft gingen solche Einwände allerdings aus Konkurrenzangst und Neid hervor. »Man besorgt nämlich, daß die Juden nach Aufhebung der noch vielfach bestehenden Schranken sich aller jetzt ausschließlich von Christen betriebenen Beschäftigungen bemächtigen, daß die Christen von ihnen überflügelt werden.« Dieser Konkurrenzneid überzeugt den liberalen Autor natürlich nicht, denn »wenn Gestattung freier Konkurrenz für das konsumierende Publikum überhaupt eine Wohltat ist, so kann diese Wohltat durch Zulassung ausgezeichnet betriebsamer Konkurrenten nur noch vergrößert werden, und fürchten die Christen eine Überflügelung, so mögen sie derselben durch Anstrengung und gleiche Betriebsamkeit begegnen«. Der entgegengesetzte Grundsatz würde ja nur »die Trägheit monopolisieren«.

Der letzte Einwand, die öffentliche Meinung stehe der Juden-Emanzipation im Wege, ist – so der Verfasser – allerdings nicht so einfach aus dem Weg zu räumen. Aufgabe verantwortungsbewußter Politiker sei es aber, die unaufgeklärte Meinung des »Pöbels« (!) zu belehren und mit der Hilfe des »gebildeten und halbgebildeten Mittelstands« die Emanzipation durchzusetzen. Wenn man »die vorgebliche öffentliche Meinung« näher untersuche, so löse sie sich am Ende dahin auf, daß jeder mit der Emanzipation ganz zufrieden wäre, wenn er nur die Gewißheit hätte, daß sein Fach, sein Gewerbe, seine Beschäftigungsweise den Juden nach wie vor verschlossen bliebe. Judenfeindschaft, so erkennt der Verfasser, geht weit mehr aus Konkurrenzneid denn aus religiösen Motiven hervor. Diese werden nur gern als Rechtfertigung vorgeschoben.

»Gleichheit der Rechte, Freiheit des Gedankens, als die Bedingungen der edelsten menschlichen Entwicklung, darin liegt das Wesen des konstitutionellen Prinzips. Die Juden entbehren der Rechtsgleichheit, und man beeinträchtigt die Denkfreiheit, indem man an die Bekennung des jüdischen Glaubens politische Nachteile knüpft. Oder wäre der Gedanke frei, dessen Äußerung mit einer Beschränkung oder gar Aufhebung der staatsbürgerlichen Rechte bedroht wird?« Die Herstellung der Rechtsgleichheit für die Juden in Deutschland würde aber auch der christlichen Religion nützen, denn Konversionen, die aus bloßem Interesse an der Erlangung des Staatsbürgerrechts erfolgen, würden der Kirche kaum ehrlich überzeugte Christen zuführen. Einstweilen sollte man jedenfalls »denjenigen Juden für gewissenhafter, aufrichtiger und zuverlässiger halten«, der trotz aller Verfolgungen und Schmähungen seiner Religion treu bleibt. Durch Vergünstigungen zu einem Glaubenswechsel zu verführen, sei nicht viel besser, als durch Einschüchterung eine Konversion zu erzwingen. Solange man eine Religion »mit dem ausschließlichen Besitze der wichtigsten staatsbürgerlichen Rechte und Vorteile privilegiert...«, verteidigt man eine Aristokratie des Christentums«. Sowohl das Recht als auch das Interesse von Staat und Religion sprechen daher für eine vollständige Emanzipation der Juden in Deutschland.

In England war 1859 die Entwicklung in Richtung auf demokratische Verhältnisse bereits weiter fortgeschritten als auf dem Kontinent. J. S. Mill, der Klassiker des englischen liberalen und sozialen Denkens, sah daher neben der Gefahr einer repressiven Regierungsgewalt bereits eine womöglich noch gefährlichere Bedrohung der Freiheit in Gestalt einer »Tyrannei der Mehrheit«; gemeint war damit der Terror der »öffentlichen Meinung«. Diese Tyrannei, so schreibt er in seinem Buch »On Liberty« (1859), sei viel furchtbarer als manche andere Arten staatlicher Bedrükkung, »weil sie zwar gewöhnlich nicht so strenge Strafen gebraucht, aber viel weniger Auswege offenläßt und damit weit tiefer und die Seelen knechtend in das tägliche Leben eindringt. Mithin genügt nicht der Schutz gegen die Tyrannei der Obrigkeit, es ist auch ein Schutz notwendig vor der Tyrannei der herrschenden Meinung und Gesinnung, vor der Neigung der Gesellschaft, ihre eignen Ideen und Gewohnheiten auch durch andere Mittel als bürgerliche Strafen den Widerstrebenden aufzunötigen.«

Toleranz sei denn auch nicht die Losung der siegreichen Reformatoren gewesen. Die erfolgreichen Protestanten seien nicht viel weniger intolerant geworden als die besiegten Katholiken es gewesen waren. »Als aber die Hitze des Kampfes vorüber war, ohne einer der Parteien einen vollen Sieg gebracht zu haben, und jede Kirche oder Sekte sich mit der Hoffnung begnügen mußte, den einmal gewonnenen Boden zu behaupten, da mußten die Minderheiten, die keine Aussicht hatten, zur Mehrheit zu werden, diejenigen, die sie nicht bekehren konnten, um die Erlaubnis bitten, ihren abweichenden Glauben zu dulden...« Erst unter diesen Bedingungen habe die Toleranz erste Fortschritte gemacht. In England sei die Macht der öffentlichen Meinung größer und die der Gesetze vielleicht geringer als in anderen Staaten. Aus diesem Grunde kämpft Mill in erster Linie für eine tolerante Zurückhaltung der Öffentlichkeit gegenüber den unterschiedlichen Meinungen, Vorstellungen, Überzeugungen der Individuen und ihrer Gruppen.

Der einzige legitime Grund, der es der Gesellschaft erlaube, in die Freiheitssphäre eines Einzelnen einzugreifen, sei »Unheil für andere zu verhüten«. Dabei könne das Wohl des Betreffenden nicht zur Rechtfertigung der Intervention herangezogen werden, denn jedem stehe das Urteil über das, was ihm nützt oder schadet, allein zu. Niemand dürfe ihn zu seinem vermeintlichen »Glück« zwingen!

»Die einzige Freiheit, die diesen Namen verdient, ist das Recht, unser Wohlergehen auf unserem eigenen Wege zu verfolgen, solange wir nicht anderen das ihrige verkümmern oder ihre darauf gerichteten Bemühungen durchkreuzen. Jeder ist der eigne Hüter seines Wohles, mag dies Leib, Seele oder Geist betreffen. Die Menschheit fährt besser, wenn es jedem so zu leben gestattet ist, wie es ihm gutdünkt, als wenn sie jeden zwingt, nach dem Gutdünken der anderen zu leben.«

Die religiösen Überzeugungen sind im eminenten Sinne eine individuelle Angelegenheit. Die menschliche Freiheit »umfaßt vor allem das Feld des Gewissens und fordert Gewissensfreiheit im ausgedehntesten Sinne; Freiheit des Denkens und Fühlens, unbedingte Freiheit der Meinung und Anschauung über alle Gegenstände, praktische, oder spekulative, wissenschaftliche, moralische oder theologische. Die Freiheit, seine Meinung auszusprechen und zu veröffentlichen, scheint nicht hierher zu gehören, da dies Handlungen betrifft, die andere Leute berühren; da sie jedoch beinahe so wichtig ist wie die Denkfreiheit und großenteils den gleichen Erwägungen unterliegt, so ist sie praktisch nicht von der Gewissensfreiheit zu trennen.« Als nächste Freiheit erwähnt Mill das Recht, den eignen Neigungen nachzugehen, soweit sie nicht anderen schaden und drittens das Recht, »sich innerhalb derselben Grenzen zu Gruppen zusammenzuschließen, sich zu vereinigen zu irgendeinem Zweck, der anderen nicht schadet, wobei vorausgesetzt ist, daß die Personen mündig sind und weder durch Zwang noch durch Täuschung dazu veranlaßt werden«.

Im vierten Kapitel seines Buches geht Mill noch einmal näher auf die »Grenzen der Autorität der Gesellschaft gegenüber der Freiheit der einzelnen« ein. Er stellt sich vor, was passieren würde, wenn das Recht intoleranter Mehrheiten, ihre Idiosynkrasien allgemeinverbindlich zu machen, anerkannt würde. Dann könnte man nichts dagegen einwenden, daß Länder mit katholischen Mehrheiten von allen Pfarrern die Einhaltung des Zölibats verlangen, daß in islamischen Ländern niemand Schweinefleisch essen darf und in puritanischen am Sonntag keinerlei Vergnügungen stattfinden dürfen. Überzeugte Anwälte des Alkoholverbots könnten dann mit Recht verlangen, daß entsprechende staatliche Maßnahmen ergriffen werden, um diese intolerante Meinung (sobald sie eine Mehrheit für sich gewonnen hat) durchzusetzen. Das heißt aber, derartige »öffentliche Meinungen« verlangen, daß »jedes andere Individuum in jeder Hinsicht genau so handeln müsse wie sie selbst«. Kurz: die öffentliche Meinung tendiere, wenn nicht entsprechend belehrt und erzogen, zu großer Intoleranz.

Schon Deletre hatte erkannt, daß intoleranter Fanatismus vor allem eine Sache der unteren Bevölkerungsschichten ist. Mill und seine liberalen Freunde treten daher nur vorsichtig für eine Ausweitung des Wahlrechts ein, weil sie fürchten, daß eine ungebildete Mehrheit von reaktionären Demagogen leicht irregeleitet werden könnte und der individuellen Freiheit Schaden zufügen würde. Voraussetzung für die Gewährung des allgemeinen Wahlrechts ist daher nach Mills Überzeugung allgemeine Schulbildung, von der er hofft, daß sie der Vernunft und dem Sinn für individuelle Freiheit den Weg bereiten werde.

Theologische Fundierung religiöser Toleranz heute

Spätestens seit der Enzyklika »Pacem in Terris« des Papstes Johannes XXIII. aus dem Jahr 1963 akzeptiert auch die katholische Kirche das Prinzip der staatlichen Toleranz. Wenn auch nach wie vor traditionell zwischen dogmatischer, kirchlicher und staatlicher Toleranz unterschieden werden muß und die Kirche vor allem in dogmatischen Fragen keine Abweichung dulden kann, ist die Ablehnung staatlichen Zwangs in Glaubensfragen heute auch Teil kurialer Politik. Daß es der katholischen Kirche dabei vor allem darauf ankommt, überall das Recht ihrer Gläubigen auf freie Religionsausübung sicherzustellen, ist verständlich. Nach dem ethischen Prinzip der Gegenseitigkeit sind dann aber auch katholische Regierungen genötigt, Angehörigen anderer Glaubensgemeinschaften ihrerseits Religionsfreiheit einzuräumen. Wenn es daher in der erwähnten Enzyklika heißt: »Zu den Menschenrechten gehört auch das Recht, Gott der rechten Norm des Gewissens entsprechend zu verehren und seine Religion privat und öffentlich zu bekennen«, dann dürfte das nicht nur für die römisch-katholische Kirche und deren Gläubige gelten. In dem gleichen Text findet sich auch die Forderung, Minderheiten Rechte zu gewähren, wird die Rassendiskriminierung abgelehnt und die Bereitschaft zur Zusammenarbeit mit Personen und Gruppen anderer Überzeugung signalisiert. In diesem Zusammenhang heißt es: »Man muß ferner immer unterscheiden zwischen dem Irrtum und dem Irrenden, auch wenn es sich um Menschen handelt, die im Irrtum oder in ungenügender Kenntnis über Dinge befangen sind, die mit religiös-sittlichen Werten zusammenhängen.« Man müsse davon ausgehen, daß Menschen nicht nur irrtumsfähig, sondern auch immer imstande sind, sich vom Irrtum wieder frei zu machen »und den Weg zur Wahrheit zu suchen«. Man kann diese Aussagen sowohl auf die ökumenische Zusammenarbeit unter Bekennern verschiedener Religionen, wobei der Kreis über die christlichen Religionen hinausreicht, als auch auf die Zusammenarbeit mit Sozialisten, die keiner Religionsgemeinschaft angehören, beziehen. In einem Kommentar wurde freilich die zweite Deutung relativiert. Von Katholiken in Südamerika wird sie dagegen zur Rechtfertigung ihrer »Theologie der Befreiung« und der Revolution gerne herangezogen.

Der katholische Theologe Johann Baptist Metz hat in einem Vortrag (1989) die Aufgabe der katholischen Kirche in einer Welt des »kulturellen Polyzentrismus« wie folgt beschrieben: »Die Kirche muß sich von zwei Optionen leiten lassen, um der Herausforderung eines kulturellen Polyzentrismus gewachsen zu sein, ohne ihre eigene kulturelle Prägung zu leugnen: sie muß sich von einer Option für die Armen und einer Option für die Anderen in ihrem Anderssein leiten lassen: sie muß kulturell konkret werden in einer politischen Kultur der Freiheit und der ungeteilten Gerechtigkeit und in einer hermeneutischen Kultur der Anerkennung des

Anderen in seinem Anderssein.« Diese zweite Option enthält den Kern des Gebots einer über die Toleranz zur Anerkennung des Anderen hinausgehenden Haltung, wie sie von den besten Vertretern des Toleranzgedankens gefordert worden ist. Hans Küng hat in seinem jüngsten Buch »Weltethos« zwar die Forderung nach einem einheitlichen Ethos für die Weltgesellschaft erhoben, aber ausdrücklich betont, »daß diese Weltgesellschaft keine Einheitsreligion und Einheitsideologie« benötige.

Paul Tillich hat in mehreren Schriften und Reden eine theologische Fundierung des Toleranzgedankens versucht, die – wie mir scheint – heute auch für Katholiken annehmbar sein könnte. Er geht davon aus, daß Toleranz kein bloßer Relativismus sein sollte. Eine solche Toleranz entgehe nämlich nicht dem Verhängnis, »in ihr Gegenteil, eine unduldsame Herrschsucht umzuschlagen«. Religiöser Glaube müsse dagegen »beides vereinigen: die Toleranz, die sich der Bedingtheit eines bestimmten Glaubens bewußt ist, und die Gewißheit, die sich auf das Unbedingte gründet«. Dieses Problem gebe es in jeder Religion, besonders brennend sei es aber für den Protestantismus geworden. Die theologisch zu beantwortende Frage lautet daher: wie können Glaubensgewißheit und Toleranzgebot zusammengedacht werden?

Die Lösung des Problems erblickt Tillich in der Unterscheidung zwischen dem Glauben und dem besonderen Symbol, in dem er sich jeweils ausdrückt. »Wenn wir sagen, daß die Religion die Bindung an das Endgültige, Unbedingte oder Unendliche ist, machen wir damit unmittelbar deutlich, daß Religion zwei Elemente hat: das erste Element betrifft die Erfahrung von etwas Unbedingtem, Endgültigem und Ernsthaftem, von etwas, das in das Absolute hineinreicht; das andere Element ist der konkrete Ausdruck dieses unbedingten Anliegens, in den Formen einer besonderen Überlieferung mit ihren Symbolen, Lehren, Rechtsnormen und Verfassungen. Nun ist einleuchtend, daß das erste Element an sich keine Gesellschaft gefährdet. Es befähigt die Religion, sich selbst kritisch zu beurteilen. Die Kritiker der Religion übersehen eines: sie vergessen, daß geschichtlich gesehen, die Wurzeln des kritischen Geistes in der Selbstkritik der Religion liegen. Propheten und Seher geißeln unerbittlich die Priester. Jedesmal richtet sich der prophetische Angriff gegen die Verwechslung des heiligen Gegenstandes mit dem Heiligen selbst, also dagegen, daß etwas Endliches zu etwas Unendlichem gemacht wird.« Während der Glaube als solcher »der Zustand unbedingten Ergriffenseins« ist, der sich in bestimmter Form ausdrücken muß, »partizipiert das konkrete Symbol am Unbedingten, obwohl es selbst nicht unbedingt ist. Hier liegen die Wurzeln der Unduldsamkeit«, die zum Konflikt zwischen einer bestimmten Religion und der freien Gesellschaft führen kann. »Eine Ausdrucksform des Unbedingten schließt (nämlich) alle anderen aus und nimmt dämonische Züge an. Das ist in allen Religionen geschehen, auch im Christentum, obwohl das Kreuz das Zeichen des Widerstands gegen die Selbsterhebung einer konkreten Religion zur Unbedingtheit ist.« Die

Mystik, deren Tendenz zur allgemeinen Toleranz uns schon begegnet ist, überschreite durch ihre Form der Frömmigkeit »jeden konkreten Ausdruck des Unbedingten«. Das mache sie culdam. Ihr fehle jedoch – so Tillich – die »Kraft, die Entfremdung der menschlichen Existenz zu überwinden«.

Die für nichtmystische Religiosität typische Verwechslung des »Endlichen mit dem Unendlichen«, des besonderen Symbols mit dem Unbedingten, Unendlichen, das es ausdrücken soll, »gefährdet die freie Gesellschaft«. Auch hier greift Tillich wieder auf die Propheten zurück, die »sich gegen alle ›heiligen‹ Ungerechtigkeiten« gewandt hätten und »die absolute Autorität von etwas Endlichem« ablehnten. »Wenn die Kirchen den prophetischen Geist der Selbstkritik unterdrücken, stellen sie sich damit gegen die Ideale einer freien Gesellschaft. Das ist die Bedingung dafür, daß Religion und freie Gesellschaft sich füreinander öffnen.«

Nur durch diese Unterscheidung zwischen dem Unbedingten, Unendlichen, Absoluten, um das es Religion letztlich geht, und dem notwendig begrenzten, endlichen »Symbol«, in dem es ausgedrückt wird, kann die Tendenz zur Intoleranz, die notwendig in jedem Monotheismus steckt, verhindert werden. Und noch einmal: »Das Kriterium jedes Glaubens ist seine Fähigkeit, die Unbedingtheit des Unbedingten auszudrücken. Die Selbstkritik der Glaubensform folgt aus der Erkenntnis der beschränkten Gültigkeit der konkreten Symbole, in denen sie erscheint.« Nur durch diese Unterscheidung, die nicht immer leicht zu machen sei, könne bei der »Begegnung der Glaubensformen« (also der Religionen und Kirchen usw.) »der Fanatismus vermieden und zugleich die innere Gewißheit des Glaubens bewahrt werden«. Das Christentum habe im »Kreuz Christi« ein Symbol, das »das Bewußtsein um die eigne Bedingtheit« ausdrücke und das gültig bleibe, auch wenn die christlichen Kirchen den Sinn dieses Symbols vergessen und besonderen Glaubensformen Unbedingtheit zusprechen. Um seiner radikalen Selbstkritik willen sei das Christentum von allen Religionen am meisten zur Universalität berufen, solange es diese »Selbstkritik als Macht im eigenen Leben wirken lasse«.

Vielleicht kann man den Unterschied zwischen dem europäischen und dem nordamerikanischen Kirchenbegriff, den Tillich analysiert, als einen Anwendungsfall jener Unterscheidung von Unbedingtheit des Glaubens und Kritisierbarkeit des besonderen Symbols in seiner Endlichkeit ansehen. In Europa, so muß man wohl seine Ausführungen verstehen, wird der Kirche nicht eine soziologische, sondern eine »mystische Realität« zugeschrieben. Aus diesem Grunde muß »die Spaltung innerhalb der Kirche nach römisch-katholischer Auffassung als das Werk dämonischer Mächte angesehen« werden. »Und die Überzeugung einer Kirche, daß sie die ›eine christliche Kirche‹ (und keine andere) repräsentiere, erlaubt ihr keine Toleranz anderen (abtrünnigen) Kirchen gegenüber. Denn die transzendente Einheit des Leibes Christi kann nicht aufgelöst werden: sie ist das Kriterium für jede empirische Kirche.« Damit wirft Tillich der römisch-katholischen Auffassung von Kirche eben jene Identifikation des besonderen Symbols (d. h. der besonderen, endlichen Organisation) mit dem Absoluten vor, die er als Voraussetzung für Toleranz und Vereinbarkeit von Christentum und freier Gesellschaft für ungeeignet hält. In den Vereinigten Staaten gibt es dagegen einen »National Council of the Churches of Christ in America«, eine Benennung, die in Europa für Katholiken einfach widersinnig wäre, weil es für sie nicht mehrere Kirchen Christi geben kann. An die Stelle der mystischen Einheit tritt hier die Vereinigung einer Mehrzahl sozialer Gruppen »mit gewissen gemeinsamen Interessen und Zielen«. Dabei wird »keine Kirche... prinzipiell verworfen, die Berechtigung einer jeden... anerkannt, und ein zunehmender Zusammenschluß aller Kirchen... erstrebt, wenn auch nicht gefordert«. Mit diesem soziologischen Kirchenbegriff ist die Unterscheidung von Unbedingtheit des Glaubens und begrenzter Bedingtheit des Symbols ohne weiteres vereinbar.

Tillich verweist auf den Zusammenhang zwischen dem individualistischen protestantischen Glauben der ersten Siedler Nordamerikas und der dortigen Variante der Demokratie. In Amerika habe die Demokratie eindeutig eine religiöse Fundierung, in Europa dagegen nicht. Während die Menschenrechtsdeklaration in Amerika »Bezug nehmen konnte auf die ursprünglichen Ideen seiner großen Kirchen«, waren »die gleichen politischen Manifeste in Europa betont antireligiös«.

Während aber in Nordamerika die Demokratie religiöse Wurzeln hat, ist in Europa aus der Säkularisierung von Religion und Kirche jener aggressive Nationalismus hervorgegangen, der während der vergangenen zweihundert Jahre Europa verwüstet hat. Im Unterschied dazu hatte »der amerikanische Nationalismus vorwiegend den Charakter einer nationalen Befriedung, die der konfessionellen Befriedung in der Neuen Welt entspricht«. Tillich macht deutlich, wie »die Idee einer religiösen Berufung«, einer speziellen Mission des eigenen Volkes, den aggressiven Nationalismus der meisten europäischen Nationen geprägt hat: »England glaubte sich zur Zeit Cromwells berufen, den Protestantismus zu verteidigen und zu verbreiten und dadurch der wahren Kirche und dem Reich Gottes zur Herrschaft zu verhelfen. Spanien, der englische Erzrivale, fühlte sich berufen, die Einheit des Christentums wiederherzustellen und die Ketzerei auszurotten. Frankreich fühlte sich berufen, die höchste und fortschrittlichste Zivilisation zu entwickeln und zu verbreiten, zunächst auf dem Boden des Katholizismus, dann in Verbindung mit Aufklärung und Revolution... Der deutsche Nationalismus vereinigte Elemente des protestantischen Widerstandes gegen Rom mit der neuen Heilsbotschaft von ›Blut und Boden‹.«

Diese Säkularisate religiöser Intoleranz haben die Schrecken der Religionskriege im Namen der nationalen Mission erneuert und sind erst nach 1939/45 durch den mehr als vier Jahrzehnte die Welt beherrschenden Ost-West-Gegensatz zurückgedrängt worden. Mit dem Zerfall der totalitären Diktaturen in Osteuropa war sowohl eine gewisse Neubelebung der Religionen (der russisch-orthodoxen wie der islamischen) als auch des Nationalismus verbunden. Eine Selbstkritik des nationalistischen Säkularisats hat daher nichts von ihrer Bedeutung verloren. Paul Tillichs Unterscheidung zwischen der Unbedingtheit der Glaubensgewißheit und der Erkenntnis der Endlichkeit der begrenzten Symbole müßte – analog – auch auf das Nationalgefühl angewandt werden können. Es ist legitim und »normal«, sich zum eignen Volk, zu dessen Kultur, Geschichte, Sprache besonders hingezogen zu fühlen, ja sich mit ihm zu identifizieren, aber zugleich muß das Bewußtsein vorhanden sein, daß jedes besondere Volk, jede besondere Kultur nur einen kleinen Ausschnitt des Reichtums der Weltkultur ausmacht. Durch Kenntnis anderer Kulturen und Völker werden wir nicht von unserer eigenen entfremdet, sondern um eine Perspektive auf Welt und Menschheit – auch auf uns selbst – bereichert. Die von J. B. Metz geforderte »hermeneutische Kultur der Anerkennung des Anderen in seinem Anderssein« ist mit der Anhänglichkeit an das »Eigene«, die eigene Kultur, die aber nicht unkritisch verabsolutiert werden darf, sehr gut vereinbar.

Die Gegenposition nimmt der sogenannte »Fundamentalismus« ein, der die Tillichsche Unterscheidung dezidiert ablehnt und den eignen Glauben wie die eigene Nationalität fanatisch verabsolutiert. Daß er nicht auf den schiitischen Islam begrenzt ist, erfahren wir fast jeden Tag.

Grenzen der Toleranz. Toleranz gegenüber Intoleranten?

Die Forderung, »keine Freiheit für die Feinde der Freiheit«, klingt plausibel, sie wird aber fragwürdig, wenn einer Partei (oder auch der Mehrheit) das Recht zugestanden wird, zu bestimmen, wer als »Feind der Freiheit« bezeichnet werden soll. Damit ist der Mißbrauch dieser Formel zum Zweck der Unterdrückung mißliebiger, neuartiger, ungewöhnlicher Meinungen möglich. John Rawls geht in seiner »Theorie der Gerechtigkeit als Fairneß« über diese allzu einfache Formel hinaus. Zu diesem Zweck unterscheidet er drei Fragen im Hinblick auf die Toleranz gegenüber Intoleranten: 1. »Hat eine intolerante Sekte einen Rechtsanspruch, sich darüber beklagen zu können, wenn sie nicht toleriert wird?« 2. »Unter welchen Voraussetzungen haben tolerante (Sekten) das Recht, jene nicht zu tolerieren, die intolerant sind?« und 3. »Falls sie dieses Recht haben, für welche Zwecke sollte es dann wahrgenommen werden?«

Was nun die erste Frage anlangt: kein Zweifel, die intolerante Sekte hat kein Recht, sich darüber zu beklagen, wenn sie nicht toleriert wird. Das Recht einer Person, sich über Rechtsverletzungen zu beklagen, ist »auf Verletzungen von Prinzipien beschränkt, die sie selbst anerkennt. Eine

Klage ist ein bona fide gemachter Vorwurf. Sie beruht auf einem Prinzip, das beide Parteien anerkennen. Nun wird zwar ein intoleranter Mensch sagen, daß er bona fide handele und daß er für sich nichts beanspruche, was er anderen verweigere. Seine Auffassung könnte z. B. sein, daß er auf Grund des Prinzips handele, daß Gott mehr gehorcht werden muß (als den Menschen) und daß die Wahrheit von allen anerkannt werden muß. Dieses Prinzip ist vollkommen universal und, indem er auf es hin handelt, macht er für sich keine Ausnahme geltend. So wie er die Sache sieht, folgt er einem korrekten Prinzip, das die anderen (zu Unrecht) ablehnen.«

John Rawls läßt diese Verteidigung des Intoleranten jedoch nicht gelten. Vom Standpunkt der »original position« aus, das heißt unter dem »Schleier der Unwissenheit« darüber, welche Position oder Überzeugung man selbst in einer zu konzipierenden gerechten Gesellschaft einnehmen wird, kann man »keine besondere Interpretation der religiösen Wahrheit als für alle Bürger verpflichtend anerkennen«; und auch darüber kann keine Einstimmigkeit herrschen, »daß es eine einzige Autorität geben soll, die das Recht erhält, Fragen der theologischen Dogmatik für alle verbindlich zu entscheiden. Jede Person muß vielmehr darauf insistieren, daß sie ein gleiches Recht mit allen anderen hat zu entscheiden, was ihre religiösen Pflichten sind.«

Da ich in der »original position« nicht weiß, ob ich ein Quäker, ein Methodist, ein Katholik oder ein Atheist sein werde, würde ich auch in Hinblick auf die Religion diejenige Rechtsordnung und Sozialordnung als »fair« wählen, »die für alle – auch noch die am meisten Benachteiligten – die günstigste ist«, das heißt in diesem Fall, die auch den Anhängern kleiner, minoritärer Sekten und Gruppen völlige Gewissensfreiheit zubilligt. Die Gesellschafts- und Rechtsordnung muß daher so beschaffen sein, daß sie einem jeden das Recht zubilligt, für sich zu entscheiden, was er glauben soll. »Auch ein Mensch, der sich dazu entscheidet, diese seine Freiheit einer Autorität (z. B. der Kirche und ihren Päpsten und Konzilien) zu übergeben, die er für unfehlbar hält, macht doch von dieser Freiheit Gebrauch, denn indem er das tut, wünscht er in keiner Weise, seine gleiche Gewissensfreiheit als Sache des Verfassungsrechts aufzugeben.« Er fällt seine persönliche Entscheidung sozusagen auf der Grundlage der vollständigen Freiheit, auch wenn er diese dann an eine besondere Institution abtritt. »Diese, vom System der Gerechtigkeit (worunter John Rawls immer eine demokratische Rechtsstaatlichkeit versteht) gesicherte Freiheit ist unverletzbar: einer Person steht es immer frei, ihren Glauben zu ändern, und dieses Recht ist nicht davon abhängig, daß sie ihre Fähigkeit zu wählen regelmäßig und intelligent genützt hat. Das Problem der Freiheit ist, ein Prinzip zu wählen, durch das die Forderungen, die die Menschen einander im Namen der Religion stellen, geregelt werden.« Aus der These, »daß Gottes Willen gehorcht werden muß, folgt (aber) nicht, daß irgendeine Person oder Institution das Recht hat, in die Interpretation der religiösen Pflichten eines anderen einzugreifen. Dieses

Prinzip berechtigt niemanden, für sich – in Recht oder Politik – ein größeres Maß an Freiheit als andere in Anspruch zu nehmen.« Daraus folgt, daß die intolerante Sekte kein Recht hat, sich zu beklagen, wenn sie selbst nicht toleriert wird, weil sie jenes Prinzip der Fairneß mißachtet.

Aus der Tatsache, daß sich die Intoleranten nicht beklagen dürfen, folgt aber noch nicht, daß die Toleranten (tolerante Sekten oder Kirchen usw.) ein Recht haben, die Intoleranten zu unterdrücken. Die Frage muß daher lauten, ob die Tatsache, daß jemand (oder eine Gruppe) intolerant ist, ausreicht, um ihn (oder die Gruppe) in seiner Freiheit einzuschränken. Falls sich eine solche Unterdrückung oder Freiheitsbeschränkung für die Aufrechterhaltung der physischen Sicherheit der anderen als notwendig erweisen sollte, würde diese – auch aus der »original position«-Perspektive – legitimiert sein. Denn ohne Zweifel hat jeder dem Recht aller auf Selbsterhaltung zugestimmt. »Gerechtigkeit verlangt nicht, daß Menschen untätig beiseitetreten, während andere ihre Existenzgrundlage zerstören.« Die Frage kann nur dann nicht sofort eindeutig beantwortet werden, wenn die intolerante Sekte (oder Gruppe) keine »unmittelbare Gefahr für die gleichen Rechte der andern darstellt«. In diesem Fall ist die Unterdrückung der Intoleranten nicht ohne weiteres zuzulassen. Rawls geht immer davon aus, daß ein »gerechter Verfassungszustand existiert« und daß »alle Bürger die natürliche Pflicht haben, diesen aufrechtzuerhalten. Aus dieser Pflicht werden wir nicht entlassen, wenn andere dazu neigen, ungerecht zu handeln.« Wir dürfen daher erst dann für eine intolerante Sekte oder Gruppe die für alle geltenden Freiheiten einschränken, wenn »ein beträchtliches Risiko für unsere eignen legitimen Interessen besteht. Daher sollten gerechte Bürger die Verfassung mit all ihren gleichen Freiheitsrechten so lange aufrecht erhalten, wie die Freiheit und ihre eigne Freiheit nicht gefährdet sind. Sie können – streng genommen – den Intoleranten zwingen, die Freiheit anderer zu respektieren, da von jeder Person verlangt werden kann, die Rechte zu respektieren, die auf Grund von Prinzipien eingeführt wurden, die sie – in der ›original position‹ – anerkannt haben würde. Solange jedoch die Verfassung selbst ausreichend gesichert ist, gibt es keinen Grund, dem Intoleranten die Freiheit zu verweigern.«

Für eine so weitgehende Toleranz gegenüber Intoleranten spricht nach Rawls auch die Wahrscheinlichkeit, daß jene intoleranten Bürger unter den Bedingungen der Toleranz sich allmählich von ihrer Haltung lösen und das Prinzip der Gewissensfreiheit anerkennen. Es könne allerdings auch passieren, daß die intolerante Gruppe entweder »bereits ursprünglich so stark ist, oder so rasch wächst, daß die stabilisierenden Kräfte der Gesellschaft sie nicht zur Freiheit bekehren können«. Diese Lage führe dann zu einem praktischen Dilemma, »das die Philosophie allein nicht lösen könne«. Mit anderen Worten: in dieser Situation muß eine – immer riskante – Entscheidung gefällt werden. Der naheliegende Versuch zur Unterdrückung kann – unter Umständen – das Gegenteil von dem gewünschten Zweck erreichen, indem sich die verfolgte Gruppe verhärtet und vermehrten Zuzug erhält. Der Unterdrückungsversuch kann aber auch einen so durchschlagenden Erfolg haben, daß die freiheitliche Rechtsordnung selbst am Ende zerstört wird. John Rawls vertraut dabei jedoch auf die »inhärente Stabilität einer gerechten Verfassung«, die nur in äußerst seltenen Fällen dazu gezwungen ist, »die Freiheit des Intoleranten« zu begrenzen, nämlich nur in dem Fall, wenn auf andere Weise die gleiche Freiheit aller nicht mehr gewahrt werden könnte.

Rawls stimmt im übrigen der angelsächsischen Rechtsauffassung zu, daß Meinungsäußerungen, auch z. B. heftige Verdammungsurteile über Politiker, Abgeordnete, Verfassungen usw. nur dann strafwürdig sind, wenn durch sie eine »klare und gegenwärtige Gefahr« für Leib und Leben der Bürger oder für die Aufrechterhaltung der Rechtsordnung heraufbeschworen wird. Das wäre z. B. der Fall, wenn eine fanatisierte Menschenmenge zu Gewalttaten und Lynchjustiz aufgestachelt würde. Das in bestimmten Fällen vorhandene Recht der Toleranten, Intolerante zu unterdrücken oder in ihren Rechten zu beschränken, ist also – so Rawls These – nur mit äußerster Vorsicht zu gebrauchen, jedenfalls unter Verhältnissen, in denen der freiheitliche und demokratische Rechtsstaat gesichert ist.

Fair ist, was jeder – unter dem »Schleier der Unwissenheit« – akzeptieren würde: »Wir können unterstellen, daß die Personen in der ursprünglichen Position wissen, daß sie bestimmte moralische und religiöse Überzeugungen haben werden, der Schleier der Unwissenheit hindert sie jedoch daran zu wissen, welche das sind. Sie verstehen, daß die Prinzipien, die sie anerkennen, sich über diese (unterschiedlichen) Meinungen im Konfliktfall hinwegsetzen; im übrigen aber müssen sie diese Meinungen nicht revidieren oder aufgeben, wenn sie von den Prinzipien nicht bestätigt werden. Auf diese Weise können die Prinzipien der Gerechtigkeit zwischen einander entgegengesetzten Moralen ebenso regulierend wirken wie zwischen den Forderungen konkurrierender Religionen. Innerhalb des Rahmens, den Gerechtigkeit (als Fairneß) herstellt, können von verschiedenen Teilen der Gesellschaft moralische Auffassungen mit verschiedenen Prinzipien oder Auffassungen, die ein unterschiedliches Gewicht derselben Prinzipien darstellen, angenommen werden. Die Prinzipien, die in der ursprünglichen Position gewählt würden, sind der Kern der politischen Moral. Sie spezifizieren nicht nur die Bedingungen der Zusammenarbeit zwischen Personen, sondern definieren auch den Versöhnungs-Vertrag zwischen verschiedenen Religionen und moralischen Überzeugungen.«

An dieser Fundierung des Toleranzprinzips im Rahmen des freiheitlichen und demokratischen Rechts- und Sozialstaats ist vielleicht der Hinweis auf den Katholiken am interessantesten, dessen Bereitschaft, Glaubensfragen von einer bindenden Autorität entscheiden zu lassen, ihrerseits auf seine Gewissensfreiheit (die er mit allen anderen Bürgern teilt) zurückgeführt wird. Ausgeschlossen bleibt damit nicht die theoretische

Bitte oder Forderung an Mitchristen, gleichfalls diese Autorität anzuerkennen, sondern lediglich der Versuch, diese Auffassung mit Gewalt durchzusetzen. Umgekehrt schützt der freiheitliche Rechtsstaat die katholische Bevölkerung (die vielleicht eine kleine Minderheit ist) vor der Beeinträchtigung ihrer freien Entscheidung für die Unterwerfung unter die Autorität ihrer Kirche.

Demokratie und politische Toleranz

In den säkularisierten modernen Gesellschaften ist Toleranz vor allem für den Umgang politischer Konkurrenten und Parteien relevant. Auch wenn die Toleranzforderung in dieser Beziehung nicht ausdrücklich in der Verfassung aufgeführt wird (dort wird lediglich die Gleichberechtigung und Gleichstellung der Geschlechter, unterschiedlicher religiöser Überzeugungen, Weltanschauungen, sexueller Orientierungen usw. fixiert), kann eine pluralistische Demokratie nicht ohne Toleranz zwischen Mehrheit und Minderheit lebensfähig und freiheitsfähig bleiben. Trutz Rendtorff gibt folgende Definition: »Politische Toleranz ist die Konkretion der Verantwortung für die politische Selbständigkeit des Bürgers im Verhältnis von Mehrheiten und Minderheiten in den Demokratien. Toleranz ist darum ein ethisches Kriterium für die Traditionsfähigkeit politischen Handelns.« Aus pragmatischen Gründen, weil es in der Regel nicht möglich ist, Einstimmigkeit abzuwarten, müssen in Demokratien Mehrheiten entscheiden. Diese Entscheidungen dürfen jedoch nicht – so Rendtorff – »zu absoluten Entscheidungen ausgebaut werden«. Ein solcher Anspruch liefe nämlich auf die »Negation ihrer Bedingtheit hinaus«. Mit anderen Worten: die Angehörigen der Mehrheitsgruppierung können keine »absolute Gewißheit« von der Richtigkeit ihrer Entscheidung haben. Sie müssen ihre eigne Irrtumsfähigkeit ebenso wie die mögliche Richtigkeit der Minderheitsmeinung wenigstens prinzipiell anerkennen. Die Mehrheit hat darüber hinaus eine Art Mitverantwortung für die überstimmte Minderheit. »Sie kann und darf daher Zustimmung zu ihren Entscheidungen nur in einem Rahmen politischer Kompetenz zur Gesetzgebung fordern, der die Selbständigkeit von Minderheiten nicht aufhebt. Das bedeutet, Inhalt und Art der Entscheidung, die unter diesen Voraussetzungen gefällt werden können, dürfen nicht so beschaffen sein, daß sie eine totale inhaltliche Zustimmung auch der Minderheit erzwingen wollen. Die Achtung und der gesetzliche Respekt gegenüber der Mehrheitsentscheidung kann von der Minderheit gefordert werden, aber keine volle inhaltliche Zustimmung. Folglich müssen die Entscheidungen von der Art sein, daß sie toleriert werden können auch ohne Zustimmungszwang.« Beispiele dafür, wie dieses Verfahren praktiziert werden kann, sind die »dissenting votes« der überstimmten Richter des amerikanischen Supreme Court oder die Minderheitsvoten der Richter am Bundesverfassungsgericht. Auch Erklärungen von Abgeordneten, die in einer wichtigen Frage (sei es von der Mehrheit im Parlament, sei es von der Mehrheit ihrer Fraktion) überstimmt worden sind, gehören hierher. Von den Mehrheiten wird eine Respektierung der Meinung der überstimmten Minderheiten gefordert, von jenen Minderheiten die Hinnahme des Mehrheitsvotums, die sie aber nicht zur Aufgabe ihrer abweichenden Auffassung verpflichtet. Mehrheiten müssen also toleranzfähig sein.

Wird diese politische Toleranz verweigert, dann können Minderheiten dazu gezwungen werden, in den politischen Untergrund zu gehen; wo das geschieht, hat die Mehrheit offenbar »ihre Entscheidungsmacht auf alle Lebensbereiche in einer Weise ausgedehnt, die jegliche konkrete Alternative leugnet und erzwingen will, daß die Minderheit sie aufgibt. Die Forderung der Toleranz der Mehrheit gegenüber der Minderheit ist mehr als ein formales Prinzip.«

Daß auch die Minderheit Toleranz praktizieren muß, geht aus der Forderung nach Hinnahme der Mehrheitsentscheidungen, soweit sie im verfassungsrechtlichen und liberalen Rahmen bleiben, hervor. Darüber hinaus wird die Bereitschaft zur Hinnahme von Mehrheitsentscheidungen durch die legitime Hoffnung, selbst aus der aktuellen Minderheit eines Tages zur Mehrheit zu werden, erleichtert. Die Möglichkeit des Wechsels der Mehrheiten »unterstreicht die zeitliche Grenze bestimmter Mehrheitsbildungen. Toleranz bedeutet hier strukturell, daß die herrschende Mehrheit den Wechsel – auch wenn sie ihn für sich selbst nicht wollen kann – doch nicht mit allen Mitteln ausschließt, sondern im Prinzip gelten läßt. Es ist das sicherste Indiz für die strukturelle Toleranz politischer Machtausübung, ob und wie sie für den Wechsel der Mehrheitsverhältnisse aufgeschlossen ist oder diesen nur als auszuschließenden Grenzfall, unter Umständen mit Gewalt, abzuwehren sucht.«

Der bloße Verzicht der Mehrheit auf die Benützung von illegalen, gewalttätigen Mitteln zur Verhinderung eines Mehrheitswechsels reicht freilich nicht schon aus. Hinzu muß die – allerdings immer nur höchst unvollkommen realisierbare – Gleichheit der Informations- und Werbemöglichkeiten der konkurrierenden Parteien kommen. Da vollständige Gleichheit unerreichbar ist, muß man sich pragmatisch mit einem gewissen »Ausgleich« begnügen. Diesem Zweck dient z. B. in der Bundesrepublik die Verteilung von Sendeminuten im Wahlkampf an die Parteien und die staatliche Wahlkampffinanzierung, die sich allerdings an dem zuletzt erzielten Wahlergebnis orientiert und damit eher eine Mehrheiten konservierende Tendenz hat.

Rendtorffs Interpretation der Toleranz in einer demokratischen Gesellschaft hat freilich noch einen weiteren Aspekt: Politik ist nämlich nicht alles. Sie darf die Menschen nicht total beanspruchen, es »muß auch eine Freiheit jenseits des Politischen geben«. »Das bedeutet, die Grenze der politischen Demokratisierung zu respektieren und anzuerkennen, statt sie auf intolerante Weise überall zu fordern.« Die Demokratie sei die Form der politischen Lebensführung, aber als diese sei sie nicht die Form der Lebensführung überhaupt. Das liefe auf eine solche Überdeterminierung des Politischen hinaus, »die die Voraussetzung der Freiheit, von der sie lebt, letztlich zerstören müßte«.

Dieser letzten These Rendtorffs wäre zu widersprechen, wenn sie besagen wollte, daß z. B. demokratische Strukturen in Organisationen (wie Kirchen, Großbetrieben usw.) nicht erwünscht sein sollten. Es gibt meines Erachtens ein gutes Argument für die Demokratisierung sozialer Verhältnisse »unterhalb« der staatlichen und gemeindlichen Politik. Voraussetzung für eine aktive Beteiligung an der Gestaltung der politischen Verhältnisse war für die klassische Theorie der Demokratie (bzw. »Republik«) die ökonomische Selbständigkeit der Staatsbürger. Immanuel Kant schloß deshalb z. B. alle Lohnabhängigen vom vollen Staatsbürgerrecht aus und tröstete sie mit der Hoffnung, durch Fleiß und Sparsamkeit es eines Tages zu wirtschaftlicher Selbständigkeit als Handwerker, Kaufleute oder Bauern zu bringen. In unseren modernen Gesellschaften ist längst die überwältigende Mehrheit lohn- und gehaltsabhängig. Eine wie auch immer geartete Wiederherstellung ökonomischer Selbständigkeit für Mehrheiten scheint utopisch. Wenn nun aber die Fähigkeit zur Selbstbestimmung, zu aktivem Staatsbürgertum nicht durch die Gewohnheit, auf fremde Anweisung hin handeln zu müssen, verlorengehen soll, dann sollte den Lohnabhängigen auch im Alltag die Erfahrung aktiven Mitgestaltens ermöglicht werden. Hierin erblicke ich einen ganz wesentlichen Sinn der Mitbestimmung in Großbetrieben. Die innergesellschaftliche Demokratie in Organisationen wie Parteien, Gewerkschaften usw. ist darüber hinaus auch für die Handlungsfähigkeit – auf Grund eines ermittelten Konsenses – erwünscht.

Eine andere Form der Toleranz gegenüber Minderheiten beschreibt der Schweizer Historiker Werner Kaegi. Er sieht im Föderalismus ein System, das »das Zusammenleben von Minderheiten in Freiheit ermöglicht«. Der schweizerische Föderalismus – und im Grunde jeder föderalistisch strukturierte Staat – »beruht auf der Toleranz der Mehrheit gegenüber der andersartigen Minderheit und auf dem wechselseitigen Respekt der verschiedenen Minderheiten. Es ist nicht das bloße Nebeneinander der Koexistenz, sondern das Miteinander einer bündischen Gemeinschaft. Die einzelne Minderheit ist auch nicht durch ein Sonderstatut geschützt, sondern durch das allgemeine Recht der föderativen Ordnung. In diesem Sinne konnte Philipp von Segesser (ein Schweizer Rechtshistoriker und Politiker) sagen, daß wir ›eigentlich aus einer Menge von Minderheiten zusammengesetzt sind, welche in dem föderativen Prinzip die Garantie gegen die Unterdrückung finden‹.« Indem die föderative Ordnung Toleranz gegenüber den Minderheiten gebiete und ihr Recht schütze, mäßige sie in heilsamer Weise den demokratischen Absolutismus des Mehrheitsprinzips.

Der Minderheitenschutz des schweizerischen Föderalismus kommt am klarsten im Prinzip der Konkordanz-Demokratie zum Ausdruck, also darin, daß möglichst alle Parteien an der Regierungsbildung beteiligt sind und darüber hinaus deren Mitglieder reihum (im Rotationsverfahren) den Vorsitz übernehmen. Das hat einen starken Zwang zum Kompromiß zur Folge, der auch die Interessen der sonst von der Mehrheit überstimmten Minderheit zum Zuge kommen läßt. Freilich hat diese Form der Demokratie auch ihre Schwachstellen. Sie ist hervorragend geeignet, um zu vermeiden, daß eine ethnische Minderheit – oder wie in der Schweiz eine der kleineren Kultur- und Sprachgemeinschaften – auf Dauer von der politischen Verantwortung ferngehalten wird; aber sie verhindert – wenn sie auf politische Parteien angewandt wird – das Wechselspiel von Mehrheit und Minderheit und reduziert damit den Einfluß der Wähler auf die Ausrichtung der Politik.

Zusammenfassung

Ich habe Toleranz eine »kleine Tugend« genannt. Nicht, weil ich sie für unbedeutend halte, sondern lediglich, weil sie auf andere Tugenden und institutionelle Voraussetzungen angewiesen bleibt, ohne die sie wertlos wäre. Toleranz bedeutet – richtig verstanden – nicht Gleichgültigkeit gegenüber dem Anderen, sondern Anerkennung von dessen Anderssein und seines Rechtes auf solches Anderssein. Beides ist mit Anteilnahme und Interesse an ihm verbunden oder sollte doch damit verbunden sein. Toleranz ist eine Haltung, die sowohl der Einzelne als auch die soziale Gruppe, sowohl die Regierung, das Parlament als auch die »öffentliche Meinung« praktizieren sollten. Diese Haltung ist nicht »angeboren«, sondern ein Produkt gelungener Sozialisation. Sie ist – wie u. a. Alexander Mitscherlich betont hat – nur möglich auf der Grundlage eines gefestigten Ich, das die drängenden Impulse des aggressiven Es ebenso abwehren kann wie die Forderungen eines überstrengen »Über-Ich«, das oft nur der Rationalisierung von Es-Aggressivität dient. Es wäre naiv, unterstellen zu wollen, daß die Menschen von Haus aus tolerant, anteilnehmend und freundlich sind. »Toleranz« – so formuliert es Mitscherlich – »ist das Ertragen des anderen in der Absicht, ihn besser zu verstehen. Erst aus diesem besseren Verständnis heraus sollen die Interessenkonflikte und Rechte der Gegenspieler geordnet werden.« Gerade, wenn es sich nicht allein um Glaubens- und Meinungsfragen handelt, sondern zugleich um Interessen und Interessengegensätze, ist Toleranz nur schwer gegen die Tendenz egoistischer Durchsetzung der Anliegen der eignen

Gruppe zu realisieren. Sie ist aber auch nicht zu verlangen, wenn eine Gruppe durch die herrschenden Institutionen (»Strukturen«) eindeutig benachteiligt und unterdrückt wird. Aus diesem Grunde hat der ältere Liberalismus immer darauf verwiesen, daß die institutionalisierten Regeln des Machtausgleichs für alle Beteiligten »fair« sein müssen. John Rawls hat dieses Fairneß-Prinzip als das der sozialen Gerechtigkeit in modernen Gesellschaften herausgestellt.

Herbert Marcuse hat gegen die zeitgenössische Toleranzforderung eingewandt, daß sie – vielfach wenigstens – nur dazu diene, den Status Quo der Ungleichheit aufrechtzuerhalten. In der Überflußgesellschaft herrsche Diskussion im Überfluß, und im etablierten Rahmen sei sie weitgehend tolerant. Aber indem sie undifferenziert alle Meinungen zu Wort kommen lasse, verhindere sie eine klare und kritische Meinungsbildung. Die Massenmedien dienten mehr der Verdummung als der Aufklärung. Diese »reine Toleranz von Sinn und Unsinn« werde durch das demokratische Argument gerechtfertigt, daß niemand, ob Gruppe oder Individuum, im Besitz der Wahrheit und imstande sei zu bestimmen, was Recht und Unrecht, Gut und Schlecht sei. Deshalb müsse man alle miteinander wetteifernden Meinungen »dem Volk« zur Erwägung und Auswahl vorlegen. Durch Manipulation und unzulängliche Bildung werde aber eben dieses »Volk« an der Entwicklung einer hinreichenden Urteilsfähigkeit gehindert.

Obgleich auch Marcuse eingesteht, daß »bei all ihren Grenzen und Verzerrungen demokratische Toleranz unter allen Umständen humaner ist als eine institutionalisierte Intoleranz«, tritt er doch für eine demonstrative Verweigerung der besänftigenden »reinen Toleranz« durch dissentierende Minderheiten ein. Sie seien allein fähig, jenen Zustand herzustellen, in dem dann Toleranz allgemein möglich wäre, ohne ungerechte Verhältnisse zu zementieren. Was aber Marcuse damit kritisiert, ist nicht eigentlich die Toleranz, sondern die Unwirksamkeit von Meinungsfreiheit in einer Gesellschaft, deren Bürger durch Wohlstand und Reizüberflutung, Manipulation und Ablenkung unfähig geworden sind, ihr Interesse an Freiheit und Selbstbestimmung zu wahren. Etwas anders gelagert ist der Einwand Robert Paul Wolffs in seinem Essay »Jenseits der Toleranz«. Für ihn ist die pluralistische Auffassung von Demokratie, wie sie sich in den USA entwickelt hat, deshalb fragwürdig, weil sie das ökonomische Machtverhältnis zwischen den großen sozialen Gruppen zementiert und die »bestehenden Gruppen stets gegenüber den sich erst herausbildenden« privilegiert. Zahlreiche Bevölkerungsteile – so etwa die gewerkschaftlich nicht organisierten Arbeiter und die kleinen Geschäftsleute – seien an dem allgemeinen Interessenausgleich unter den organisierten Interessen nicht beteiligt und außerstande, im Eigeninteresse effizient auf die Politik einzuwirken.

Die Einwände von Marcuse, Wolff und anderen sind nicht unberechtigt, aber sie entwerten das Prinzip der Toleranz nicht. Sie weisen lediglich auf dessen Ergänzungsbedürftigkeit hin. Die wesentlichste besteht wohl in der Forderung nach Macht- und Interessenausgleich. Der ist aber nicht durch Toleranz, sondern nur durch Auseinandersetzung erreichbar, eine Auseinandersetzung, die sich aber an gewisse faire Spielregeln halten muß, wenn nicht aus ihr neue (und nun manifeste) Intoleranz und Benachteiligung hervorgehen sollen.

Der kursorische Überblick über verschiedene Formen von Intoleranz und Toleranz in den vorangegangenen Kapiteln hat eine ganze Reihe von Erkenntnissen in Erinnerung gebracht, die heute noch Gültigkeit haben, auch wenn die ideellen Gegensätze und Konflikte nicht mehr überall religiös begründet sind.

Motiv für die Gewährung von Toleranz war erstens bei Konfessionen und Religionsgemeinschaften, die erkennen mußten, daß sie keine Aussicht hatten, ein gesellschaftliches Monopol zu errichten, das Prinzip der Gegenseitigkeit. Das stimmte mit der »goldenen Regel« der Ethik überein, die uns gebietet, andere so zu behandeln, wie wir von ihnen behandelt werden wollen.

Bei den Fürsten und republikanischen Regierungen kam dazu zweitens die Einsicht, daß Toleranz mehr zum sozialen Frieden in einem Staat beiträgt als der Versuch – gegen Widerstand von abweichenden Minderheiten –, eine einheitliche Staatsreligion durchzusetzen. Zugleich erkannten viele, daß religiöse Toleranz den wirtschaftlichen Interessen des Gemeinwesens nützt und Intoleranz – wie die Folgen der Zurücknahme des Ediktes von Nantes drastisch bewiesen hatten – dem Lande schadet. Seit die Ökonomie ins Blickfeld der Politik der Regierungen gekommen ist, hat sich diese Erkenntnis als ausschlaggebend durchgesetzt. Spinoza hat z. B. davon berichtet, daß in Amsterdam »alle Menschen, welchem Volk und welcher Sekte sie auch angehören, in vollkommener Eintracht leben«. Wenn einer dort »jemandem sein Vermögen anvertrauen wolle«, brauche er nur zu wissen, ob er reich oder arm ist, ob seine Handlungsweise ehrlich befunden worden ist«; um die Religion oder Sekte kümmere man sich nicht, »weil sie... für die Entscheidung über Recht und Unrecht beim Richter nicht in Betracht kommt«. Dieses Absehen von religiösen und ethnischen Besonderheiten ist nach wie vor für eine ökonomische Betrachtungsweise charakteristisch. Aus diesem Grunde haben sich auch Unternehmer in den meisten modernen Staaten nie gegen die Zuwanderung von ausländischen Arbeitskräften gesträubt, auch wenn diese aus fremden Kulturen stammten. Intoleranz auf seiten einheimischer Arbeiter kann in diesem Fall allerdings auf Angst vor dem Verlust des Arbeitsplatzes oder Lohndruck zurückgehen. Mit moralischen Vorwürfen muß in diesen Fällen sehr vorsichtig operiert werden, weil hier gegensätzliche Interessen hinter der unterschiedlichen Bereitschaft zur Toleranz »der anderen« stehen.

Eine eher machiavellistische Argumentation zugunsten der Zulassung religiöser Vielfalt bildet die Hoffnung und Annahme, daß die verschiedenen Sekten einander in Schach halten und dem Staat damit größere Freiheit lassen. Auf dieser Linie argumentierte z. B. Voltaire. Der gleiche Autor weist aber auch – zu Recht – darauf hin, daß Vielfalt religiöser Überzeugungen, ähnlich wie die Vielfalt von Dialekten, aus dem Recht der Menschen auf Wahrung ihrer individuellen und gemeinschaftlichen Eigenart hervorgeht. Noch deutlicher hat Montesquieu diesen Gedanken prononciert. Wenn Unterschiede des Glaubens aus dem »Klima« hervorgehen, dann wäre es absurd, wenn man Menschen oder Völker deshalb als »Ketzer« oder »Heiden« verurteilen wollte. Voltaire dagegen untermauert seine Argumentation mit dem Hinweis auf historische Veränderungen der katholischen Dogmatik; das Dogma – so der Kerngedanke – unterliegt auch historischen Veränderungen. Deshalb darf man den Juden auch keinen Vorwurf daraus machen, daß sie an ihrer älteren Religion festhalten, die doch auch nach Überzeugung der Christen von Gott offenbart worden ist. Toleranz wird damit durch die – von Gott gewollte – geographische und historische Vielfalt, die das Bekenntnis von Menschen geprägt hat, gerechtfertigt.

Die Argumente der Theologen und religiösen Denker, die für die Toleranz eintreten, gehen davon aus, daß religiöser Glaube nicht von außen diktiert werden kann, da jedes Diktat (und jede »Bestechung« durch das Versprechen weltlicher Prämien für den Religionsübertritt) zwangsläufig zu Heuchelei führen muß. Auch werde die unterdrückte Religion oft ihrerseits intolerant, sobald sie sich von der Unterdrückung freigemacht habe. Intoleranz – so stellt auch Voltaire fest – entspringt einem Mangel an Frömmigkeit, weil sie unterstellt, daß Gott an erzwungenen Bekenntnissen interessiert sei.

Die Philosophen und Wissenschaftler gehen spätestens seit der Aufklärung davon aus, daß jedes Denkverbot, jeder Glaubenszwang den langen Weg vom Irrtum zur Wahrheit behindert. Zweifel darf nicht unterdrückt werden, weil auf dem Weg über seine Widerlegung die Wahrheit gefunden werden kann, zumindest aber eine schrittweise Annäherung an sie gelingt. Karl Marx überschreibt sein Exzerpt aus Benjamin Constants »De la Religion« mit dem Motto: »Die Intoleranz toleriert nur den Irrtum«; das heißt sie verhindert dessen Überwindung. Anfällig für Irrtümer aber sind alle Menschen. Deshalb halten es die meisten Autoren für widersinnig, die Entscheidung über religiöse Wahrheiten einer menschlichen Autorität zu übertragen, die für alle verbindliche Entscheidungen fällt. John Rawls hat gezeigt, daß auch diese Entscheidung – z. B. die eines frommen Katholiken – im Rahmen der für ein freiheitliches Gemeinwesen unentbehrlichen Toleranz durchaus legitim bleibt.

Von allen Völkern, die unter Intoleranz zu leiden hatten, hat das jüdische Volk am meisten erduldet. Wie früh auch immer Christen und aufgeklärte Denker für die Gleichberechtigung der Juden und ihre Zulassung zur vollen Staatsbürgerschaft eingetreten sind, sie waren doch immer wieder für Demagogen bevorzugte Objekte der Feindbildprojektion.

Gegen sie ließ sich der Fanatismus der verunsicherten Massen am leichtesten mobilisieren. Der Ehrgeiz der Großen wirkte hier mit dem Fanatismus der Kleinen zusammen, wie schon der Verfasser des Artikels »Fanatismus« in der Französischen »Encyklopädie« nicht zu unrecht konstatiert hat. Ihm war auch schon die Tatsache bewußt, daß dem Fanatismus mit rationalen Argumenten nur schwer beizukommen ist. Dabei wurde der Fanatismus spätestens seit dem 18. Jahrhundert »als blinder und leidenschaftlicher Eifer, der aus abergläubischen Vorstellungen hervorgeht« bezeichnet. Eine positive Konnotation verband erst Joseph Goebbels mit diesem Begriff, indem er »einen fanatischen Glauben« an die Lehren des Nationalsozialismus verlangte. Fanatismus ist die Voraussetzung für extrem intolerantes Verhalten. Er bedeutet restlose Blindheit für das Recht des »anderen« und schottet sich gegenüber jedem kritischen Einwand vollständig ab.

Soll die Entstehung fanatischer Haltungen verhindert werden, dann genügt es nicht, Demagogen zu kritisieren und zu bekämpfen, es müssen auch die sozialen Verhältnisse verbessert werden, die die Grundlage extremer Frustrationen und verunsichernder Not sind. Der Fanatiker verspricht sich von seinem »Berge versetzenden Glauben« einen Ausweg aus seinem Elend. Solange er keine andere, realistischere Perspektive vor sich hat, wird er krampfhaft an einer Überzeugung festhalten, die ihm – wenigstens für den Augenblick – Erleuchtung und Sinnerfüllung verspricht.

In der fanatisierten Gruppe fällt es dem einzelnen darüber hinaus schwer, sich von seinem Irrglauben zu lösen. In verständlicher Furcht, als »Abtrünniger« von seinen Kameraden »ertappt« zu werden, wird er lauthals seinen Glauben bekennen, gerade dann, wenn er im Grunde unsicher geworden ist. In der Gemeinschaft der Jakobiner traten schließlich alle für den Terror ein, weil er das einzig zuverlässige Mittel zu sein schien, sicherzustellen, daß alle Übriggebliebenen »reine« Kämpfer für Freiheit und Gleichheit wären. Indem man wirkliche und vermeintliche »Abweichler« auslöschte, bestätigte man sich selbst und die eigne, fragwürdig gewordene jakobinische Überzeugung. Nicht viel anders mag es sich mit den Ketzerverfolgern während der Inquisition verhalten haben. Tötend suchten sie ihre eignen Zweifel zu betäuben.

Toleranz erfordert Mut. Sie setzt Ichstärke voraus, die wiederum Ergebnis einer gelungenen Sozialisation ist. Deshalb darf sie nicht mit unkritischem Geltenlassen von allem und jedem verwechselt werden. Es gibt Grenzen der legitimen Toleranz. Sie liegen einmal dort, wo einzelne oder Gruppen den Rest der Gesellschaft zu vergewaltigen oder unterdrücken suchen. Aber sie liegen auch dort, wo »strukturelle Gewalt« durch Tabus verdeckt und ihre Überwindung verhindert wird.

Es ist eine nicht zu verkennende Wahrheit, daß die tolerantesten Gesellschaften des 17. und 18. Jahrhunderts – die Niederlande und England – sich zur gleichen Zeit in ihren Kolonien alles andere als tolerant verhalten haben. Mitscherlich meint, daß Engländer und Holländer in den Kolonien die Gelegenheit hatten, ihre aggressiven Tendenzen ungestraft abzureagieren und daß sie unter anderem auch dadurch zu jener weitgehenden Toleranz im eigenen Land befähigt wurden. Heute, da es diese »Entlastungsmöglichkeiten« nicht mehr gibt, sei daher die Erziehung zur Toleranz weit schwerer. Vor allem dürfe man nie vergessen, daß die Menschen von Haus aus aggressive Lebewesen seien. Es genüge daher nicht, Toleranz »zu predigen«. Tolerante Haltungen müßten sowohl durch die sozialen Verhältnisse ermöglicht als auch durch entsprechend günstige Sozialleistungen erhalten werden.

Toleranz verlangt das Geltenlassen des anderen in seinem Anderssein. Sie erfordert die Zurücknahme oder wenigstens die Begrenzung eigener Ansprüche und eigener Interessen. Diese Haltung nennt man gemeinhin Rücksichtnahme. Toleranz verlangt das Zugehen auf den anderen, seine Anerkennung und die Respektierung seiner Würde. Die Tatsache, daß jemand anders ist, kann Menschen mit mangelndem Selbstwertgefühl verunsichern. Durch Toleranz läßt sich deshalb auch umgekehrt Ichstärke beweisen. Rücksichtnahme bedeutet, daß ich die Toleranz des anderen nicht überfordere. Indem ich mich in ihn hineinversetze, erfahre ich, was für ihn »tolerierbar« ist. Mir scheint, diese letztere Tugend ist in unseren modernen Industrie- oder Kommunikations-Gesellschaften noch unterentwickelter als die Haltung der Toleranz. Auch Rücksichtnahme ist mit Selbstbewußtsein verbunden. Nur wer fürchtet, sich etwas »zu vergeben«, tritt patzig und rücksichtslos auf. Aber auch hierfür ist eine gewisse soziale Sicherung, ein Mindestmaß an Wohlstand eine wichtige Voraussetzung.

Toleranz verlangt nicht die Duldung menschenunwürdiger Verhältnisse und inhumaner, menschenverachtender Herrschaft. Die Kritik solcher Verhältnisse ist mit Toleranz sehr wohl vereinbar. Ohne sie wird Toleranz zur sträflichen Gleichgültigkeit gegenüber dem Schicksal von Mitmenschen. Toleranz verpflichtet uns z. B. keineswegs, über die Verfolgung der Bahai im Iran zu schweigen oder die Steinigung von Ehebrecherinnen nach islamischem Recht zu billigen. Wenn wir auch auf jede Form gewaltsamer Intervention in die inneren Angelegenheiten eines souveränen Landes zu verzichten haben, dürfen wir doch nicht billigen, was mit der Würde von Menschen unvereinbar ist. Wir können nur darauf hoffen, daß Humanität und die Durchsetzung des Menschenrechtsgedankens allmählich über fanatische Traditionen den Sieg davontragen. Gegenüber der Intoleranz heutiger moslemischer Geistlicher können wir aber auch an die großartige Toleranz der Omaijaden auf der iberischen Halbinsel und an Sultan Saladin erinnern, der 1187 bei der Eroberung Jerusalems die Christen schonte, obgleich die Kreuzfahrer keine hundert Jahre zuvor (1098) bei der Erstürmung dieser Stadt ein schreckliches Blutbad angerichtet hatten. Angesichts der Intoleranz christlicher Herrscher und Massen haben wir wenig Grund, selbstbewußt und anklagend nur auf andere zu zeigen!

Im zwanzigsten Jahrhundert ist fanatische Intoleranz weit stärker von säkularen Ideologien als von religiösem Fanatismus ausgegangen. Für den psychischen Mechanismus weltlicher Intoleranz gilt aber dasselbe wie für religiös motivierte Verfolgungen. Aus der inneren Ungewißheit und Unsicherheit erwächst das Bedürfnis, Andersdenkende zu beseitigen, aus der fehlenden Selbstgewißheit der eignen »Art« das Bedürfnis, »Fremdartige« zu verfolgen. Durch die Ablehnung des »anderen« soll die Höherwertigkeit des eigenen »Seins« gewonnen werden. Zugleich eröffnet das Angebot von »totalen Feinden« dem menschlichen Aggressionsbedürfnis die Möglichkeit straflosen, sozial anerkannten Ausagierens. Ein kleiner Schritt zur Überwindung dieses fatalen »Mechanismus« wäre mit seiner Analyse schon getan. Der Weg über die Herstellung sozial gerechter Verhältnisse und gelungener Sozialisation zur toleranten Gesellschaft ist freilich weit mühevoller als die Integration einer Menge durch die Propagierung eines eingängigen Feindbildes. Immer wieder sind Mächtige in der Gefahr, den latenten Fanatismus und die Aggressivität frustrierter Bevölkerungsteile zu nutzen. Demokratien sollten vor allem dadurch, daß sie die Korrektur von Fehlern erlauben, dadurch, daß sie lernfähig sind, den Weg in die Sackgassen der fanatischen Intoleranz vermeiden. Die »kleine Tugend der Toleranz« ist – zusammen mit der komplementären, der Rücksichtnahme – für das friedliche Zusammenleben unentbehrlich, auch wenn sie – wie gesagt – allein und auch zusammen mit ihrem Komplement nicht genügt.

Toleranz der politischen Parteien für den politischen Gegner ist von der Toleranz religiöser Gemeinschaften unterschieden. Während die relativen Zahlenverhältnisse zwischen Konfessionen ziemlich statisch bleiben und darüber hinaus nicht unmittelbar auf die Größe ihres gesellschaftlichen Einflusses einwirken, kämpfen konkurrierende Parteien ständig um Zuwachs ihrer Wähler und Anhänger – natürlich immer auf Kosten der anderen. Ihr Verhältnis ist wesentlich dynamisch und muß in einer funktionsfähigen Demokratie dynamisch sein. Toleranz verlangt daher nicht nur das prinzipielle Geltenlassen der anderen – etwa der Minderheitspartei(en) durch die Mehrheitspartei(en) – sondern auch die Billigung von Regeln, die zur Veränderung der Mehrheitsverhältnisse führen können. Diese Regeln müssen so beschaffen sein, daß sie keine der Parteien auf die Dauer benachteiligen. Inhaber von Mehrheitspositionen müssen – auch wenn sie das ungern tun – bereit sein, ihre Position aufs Spiel zu setzen, den Sieg der Gegenpartei(en) zu akzeptieren.

Eine andere Variante der Anwendung des Toleranzprinzips auf die Demokratie hat Werner Kaegi am Beispiel der Schweiz beschrieben. Der Föderalismus macht das friedliche Nebeneinander unterschiedlicher Regionen und ihrer Bevölkerung dadurch möglich, daß er ihnen weitgehende Selbstbestimmung einräumt und nur ein Minimum von Kompetenzen bei der zentralen Bundesregierung ansiedelt. Darüber hinaus wird in der Schweiz den kleineren französisch- und italienischsprechenden

Kantonen ein ständiges Mitsprache-, ja Mitregierungsrecht auf Bundesebene eingeräumt.

Den föderativen Mitteln der Toleranz Raum zu schaffen, kommt angesichts der Kompetenzkonzentrationen der Regierungen in den modernen Gesellschaften ein erheblicher Bedeutungszuwachs zu. So habe ich z. B. vor einiger Zeit darauf hingewiesen, daß die Entscheidungen zur Errichtung von Kernkraftwerken oder anderen, mit erheblichen Risiken für die benachbarten Gebiete verbundenen industriellen Anlagen oft von zentralen Regierungen und Parlamentsmehrheiten getroffen werden, während die überwältigende Mehrheit in den unmittelbar der erhöhten Gefahr ausgesetzten Gebieten gegen den Bau votieren würde. Mir schien in diesem Fall die alleinige Entscheidungskompetenz bei der entfernten Zentralregierung und dem Bundesparlament gegenüber der »betroffenen Bevölkerung« unfair. Häufig hat nämlich diese Bevölkerung sich in weit höherem Maße sachkundig gemacht als die nicht unmittelbar betroffenen Abgeordneten der übrigen Landesteile. Aus dem höheren Wissen und der direkteren Gefährdung läßt sich aber sehr wohl ein Einspruchsrecht gegen die Beschlüsse der Zentralregierung und des Bundesparlaments ableiten.

Ein aktuelles Toleranzproblem bilden zur Zeit z. B. die Einwanderer aus Nordafrika in südeuropäischen Ländern sowie generell der Bevölkerungsdruck von seiten der ärmeren Länder der »Dritten Welt« auf die Staaten der europäischen Prosperitätszone. Wenn man auf die Wanderbewegungen früherer Zeiten zurückblickt, so wird klar ersichtlich, daß die Aufnahmebereitschaft immer dann am größten war, wenn Menschen aus Ländern vergleichbarer Kultur und vor allem aus den mittleren bis oberen Gesellschaftsschichten zuwanderten. Das war z. B. bei den Hugenotten der Fall, die weniger als Konkurrenten für einfache Arbeitskräfte, denn als Bereicherung der einheimischen Gewerbe und der Bildungsschicht (der Beamtenschaft, des Offizierskorps usw.) erfahren wurden. Die aus Oberschlesien stammenden Bergarbeiter, die ins Ruhrgebiet kamen, nahmen weniger einheimischen Arbeitern Arbeitsplätze weg, sondern trugen zur Entwicklung des Bergbaus bei. Auch die Aufnahmebereitschaft für die hoch kultivierten und oft vermögenden Juden aus Spanien und Portugal war in Bordeaux und an anderen Orten größer als die für arme, durch ihre Armut und ihre traditionelle Kleidung stärker erkennbaren Juden aus Polen. Ganz deutlich wird der Zusammenhang zwischen sozialer Schichtung und Toleranz gegenüber »Fremden« am Beispiel der eingewanderten protestantischen »Oberschicht« und der einheimischen katholischen Unterschicht in Ulster. Daß in diesem Fall die Religionszugehörigkeit noch immer Anlaß für gegenseitige Intoleranz ist, hängt mit dieser, die Konfessionsgrenzen überlagernden und akzentuierenden sozialen Differenz zusammen. Toleranz wird sich in ethnisch und religiös heterogenen Gesellschaften nur dann realisieren lassen, wenn die Zuordnung von ethnischen Gruppen und Religionsgemeinschaften zu sozialen

Schichten aufgehört hat, signifikant zu sein. Solange die Afroamerikaner in den USA unter den ungelernten Arbeitern und Arbeitslosen so stark überrepräsentiert sind wie heute, wird die Spannung zwischen den »Rassen« und der »Rassenhaß« nicht überwunden werden. Hoffnungsvoll waren daher vor allem die Bemühungen von Angehörigen der weißen Mehrheit um die Hebung des Wohlstands und der Bildung der farbigen Minderheiten. Toleranz ohne solche Anstrengungen ist wenig wert.

Geistige Grundlage der Toleranz gegenüber unterschiedlichen religiösen und weltanschaulichen Überzeugungen war für die Aufklärung die Annahme einer vernünftigen Natur des Menschen, dergegenüber all die Besonderheiten und Eigenarten von Religionen und Kulturen letztlich bedeutungslos sind. Den Anwälten des modernen Nationalstaates waren, wenn nicht die nationalen, so wenigstens die regionalen Besonderheiten etwas, das überwunden werden sollte. Die homogene Hochkultur war – so die Auffassung – der Heterogenität provinzieller Besonderheiten überlegen. Ganz im Geiste der Aufklärung dachte der sozialistische Internationalismus an eine einheitliche Weltkultur, in der die kulturellen Eigenarten der Völker aufgegangen sein würden. Rosa Luxemburg ging aus diesem Grunde z. B. davon aus, daß die jiddische Kultur – die doch nur Zeichen einer unterdrückten Volksklasse sei – im sozialistischen Gemeinwesen verschwinden werde. Nationale Besonderheiten konnte man – in der Erwartung ihres schließlichen Verschwindens – tolerieren, aber sie galten zugleich als etwas, das »absterben« werde.

Dieser aufklärerische Universalismus hat sich als irrig herausgestellt. Individuen bedürfen offenbar nicht nur der Selbstgewißheit als »vernünftige Wesen«, sondern auch der Vergewisserung ihrer – ethnisch-kulturellen – Eigenart. Sie können sich als Individuen ohne die Zugehörigkeit zu einer spezifischen Kultur und deren Sprache nicht definieren. Je homogener infolge der technischen Weltzivilisation die äußeren Umstände des Lebens werden, desto größer wird das Bedürfnis nach Vergewisserung jener »Besonderheiten«. Inzwischen hat sich die Erkenntnis der Legitimität dieses Bedürfnisses fast überall durchgesetzt. Wenn ihm nicht angemessen Rechnung getragen wird, hat das verhängnisvolle Konsequenzen. Aggressiver Nationalismus ist – zumindest in vielen Fällen – auch die Folge des Gefühls der Bedrohtheit der eignen ethnisch-kulturellen Eigenart. Gerade die jeweils größere ethnisch-kulturelle Gruppe ist auch aus diesem Grunde verpflichtet, die Rechte ethnisch-kultureller Minderheiten zu respektieren. An die Stelle des Versuchs der Assimilation und Integration muß die Akzeptanz multikultureller Gemeinschaften treten.

Eine solche Gemeinschaft ist allerdings nur dann und nur dort auf Dauer möglich, wo die ökonomischen Unterschiede zwischen den verschiedenen ethnischen Gruppen sich in Grenzen halten. Wenn – wie das vielfach der Fall ist – die soziale Schichtung zugleich eine ethnisch-kulturelle darstellt, ist mit der bloßen Forderung nach Rücksicht und Toleranz nicht viel zu erreichen.

Adam Michnik hat in einem Spiegel-Essay darauf hingewiesen, daß nach dem Fall des Kommunismus in vielen Ländern »Dämonen vergangener Epochen wieder auftauchen: Chauvinismus und Fremdenfeindlichkeit«. Dabei unterscheidet er zutreffend zwischen dem berechtigten »Streben nach der Wiederherstellung nationaler Geschichte, der Verteidigung der kulturellen Identität eines Volkes, dem Kampf um staatliche Unabhängigkeit«, die man nicht als »Nationalismus« bezeichnen dürfe von jener »Mißachtung des fremden Rechts auf nationale und menschliche Würde«, jener Auffassung der Geschichte, als eines Existenzkampfes der Völker gegeneinander, die für den aggressiven Nationalismus kennzeichnend sind. Nationalismus ist »eine deformierte Form der berechtigten nationalen Selbstverteidigung, und diese Deformation ist um so ausgeprägter, je stärker die Unterdrückung ist«. Legitimes Nationalbewußtsein erkennt und kennt auch die Fehler, Schwächen und Verbrechen des eignen Volkes. Es führt seine Niederlagen nicht auf Verschwörungen böswilliger Feinde und fremder »Verführer« zurück, sondern sucht deren Ursachen bei sich selbst. »Nationale Authentizität und Verantwortung berechtigen zum Stolz auf das eigne Volk, wo immer das möglich ist, sie verpflichten aber auch zur Scham, wo sie nötig ist. Das eine ist mit dem anderen untrennbar verbunden. Wenn einer – als Deutscher – Stolz auf Goethe, Heine und Thomas Mann empfindet, obwohl nicht er deren Bücher geschrieben hat, dann muß er sich auch wegen Hitler, Himmler und Goebbels schämen, selbst wenn er niemals irgendwelche Sympathie für diese Bande empfunden hat. Darin besteht die Verantwortung.« Willy Brandt, der wahrhaftig keinen Grund hatte, sich für die Greueltaten der Nazis mitschuldig zu fühlen, hat dennoch durch seinen Kniefall am Mahnmal der Opfer des Warschauer Ghettos bewiesen, daß er dieses Gefühl der nationalen Mitverantwortung besitzt. Thomas Mann, den ebensowenig mit den Nazis verband, hat im »Doktor Faustus« dennoch seine und des deutschen Volkes Verstricktheit in die Verbrechen des »Dritten Reiches« thematisiert. Er fühlte sich für »Bruder Hitler« mitverantwortlich.

Man kann diese belastende Identifikation mit dem eignen Volk und seiner kulturellen Tradition als »romantisch« und emotional ablehnen, aber dann darf man sich auch nicht voller Stolz auf die kulturellen Leistungen von deutschen Denkern und Dichtern berufen.

Was kann aber die Basis der Toleranz zwischen Angehörigen unterschiedlicher Kulturen und Völker, Religionen und Weltanschauungen bilden, wenn es nicht mehr die Überzeugung von der gleichen rationalen Natur aller Menschen sein soll? Mir scheint, daß es zwei Eigenschaften sind, die alle Menschen, welcher Kultur sie auch angehören mögen, dennoch miteinander verbinden: die Fähigkeit, über die Sprache miteinander zu kommunizieren, und das Bewußtsein der eignen Endlichkeit und der Angewiesenheit auf die Leben ermöglichende Natur. Arthur Schopenhauer hat als die eigentlich »passende Anrede zwischen Mensch und

Mensch...« das Wort »Leidensgefährte, Soci malorum, compagnon de misères, my fellow-sufferer« vorgeschlagen. Sie nämlich werfe »auf den Anderen das richtigste Licht und erinnere an das Nötigste, an die Toleranz, Geduld, Schonung und Nächstenliebe, deren Jeder bedarf und die daher auch Jeder schuldig ist«. Die Sprachen sind zwar nicht vollkommen ineinander übersetzbar, aber es gibt doch eine weitgehende Annäherung an eine vollkommene Kommunikation. Darüber hinaus können wir fremde Sprachen lernen und in ihren Geist eindringen. In multikulturellen Gesellschaften werden gegenseitige Kenntnis der verschiedenen Sprachen und die dadurch erleichterte und verbesserte Kommunikation zu einem wichtigen Mittel der Absicherung toleranten Verhaltens wie des gegenseitigen Respektes.

Der Reichtum der Weltkultur besteht nicht in deren Homogenität, die zum gleichgültigen Einerlei verkommen müßte, sondern in der Vielfalt unterschiedlicher Kulturen und Sprachen. Die Lebendigkeit der Sprachen hängt aufs engste mit ihrer Partikularität zusammen, die vielfach regional bedingt und geprägt ist. Der Kontakt unterschiedlicher Sprachen kann die Ausdrucksfähigkeit und Nuanciertheit einer jeden steigern.

Auf der Fähigkeit zu sprachlicher Kommunikation beruht die Orientierbarkeit aller Menschen auf verbindliche Regeln friedlichen Zusammenlebens und gegenseitiger Duldung. Mögen auch immer die aktuellen Beziehungen der Individuen und Völker weit von jenem durch einen »herrschaftsfreien Diskurs« gekennzeichneten Zustand entfernt sein, können sie sich doch auf ihn hin orientieren. Und sie werden es in dem Maße tun, wie sie ihre Angewiesenheit auf solidarische Kooperation im Interesse des Überlebens aller erkennen. Am Ende des zwanzigsten Jahrhunderts sind die Menschen nicht nur »Leidensgefährten«, sondern auch Risikogefährten, und zwar von Risiken, die sie selbst produziert haben. Jenseits bloßer Toleranz sind sie daher zu kooperativer Überwindung jener Risiken aufgerufen.

Neuer Nationalismus und Rassenhaß könnten dazu beitragen, daß die dringend erforderliche Kurskorrektur der industriellen Entwicklung im Interesse der Erhaltung von Lebensbedingungen für künftige Generationen unterbleibt. Auch aus diesem Grunde stellt aggressiver Nationalismus eine erhebliche Gefahr dar. Seine Überwindung wird nur möglich sein, wenn das Wohlstandsgefälle zwischen den Völkern abgebaut wird. Toleranz der Völker der Dritten Welt gegenüber denjenigen der Metropolen kann nur dann erwartet werden, wenn energische Anstrengungen unternommen werden, um jenes Wohlstandsgefälle zu überwinden. Dabei spielt es keine Rolle, wer an der noch immer wachsenden Diskrepanz zwischen den armen und den reichen Regionen der Erde »schuld« ist. Nur ein energischer internationaler »Lastenausgleich« kann die Gefahr eines tödlichen Konfliktes bannen. Hier ist mehr als Toleranz von den wohlhabenden Völkern gefordert – nämlich Solidarität.

Solange nicht wenigstens einigermaßen erträgliche Verhältnisse weltweit geschaffen worden sind, ist die Forderung nach Toleranz der hungernden Völker gegenüber den satten in der Tat »repressiv«. Toleranz ist – wie gesagt – eine unentbehrliche, aber keine allein ausreichende politische Tugend.

Literaturverzeichnis

Aquin, Thomas v.: Auszüge aus seinen Schriften. Hrsg. v. Eugen Rolfes. Hamburg 1977

ders.: Selected Political Writings. Hrsg. v. A. P. D'Entrèves. Oxford 1970

Augustinus, Aurelius: Werke in deutscher Sprache. Hrsg. v. C. J. Perl. Paderborn 1955 ff.

Bodin, Jean: Oeuvres philosophiques. Hrsg. v. P. Mesnard. Paris 1951 f.

ders.: Sechs Bücher über den Staat. Hrsg. v. Meyer-Tasch. München 1961

Castellio, S.: De l'impunité des Hérétiques. De Haereticis non puniendis. Hrsg. v. H. Becker und M. Valkhoff. Genf 1971

Deutsche Verfassungen. Deutschlands Weg zur Demokratie. München: Goldmann TB 1972

Friedrich der Große: Drei politische Schriften. Leipzig: Insel-Verlag o. J.

Grab, W. (Hrsg.): Die Französische Revolution. Eine Dokumentation. München 1973.

La Grande Encyclopédie. Neufchâtal 1765. Darin: »Tolérance« von Romilli le fils, Bd. 16, Spalte 390 a bis 395 a; »Juifs« von Cheval de Jaucourt, Bd. 9, Spalte 24 a bis 51 b; »Fanatisme« von M. Deletre, Bd. 6, Spalte 393 a bis 401 b

Heidelmeyer (Hrsg.): Die Menschenrechte. Erklärungen, Verfassungsartikel, Internationale Abkommen. Paderborn 1972

Johannes XXIII: Die Friedenszyklika »Pacem in Terris«. Mit einem Kommentar von A. F. Utz OP. Freiburg 1963

Joseph II.: Resolution über die bürgerliche Toleranz (1781). Zit. nach: C. Herdtle und Th. Leeb: Toleranz. Texte zur Theorie und politischen Praxis. Stuttgart 1987

Krummwiede, Hans, Martin Greschat, Manfred Jacobs und Andreas Lind (Hrsg.): Kirchen- und Theologiegeschichte in Quellen. Neuzeit: 17. Jahrhundert bis 1870, Bd. IV. Neukirchen 1979

Küng, Hans: Die Kirche. München 1977

Languet, Hubert und Philippe du Plessis-Mornay: Vindiciae contra tyrannos. Mit einer Einleitung von Harold Laski. London 1924 (Englisch: A defense of Liberty against Tyrants)

Locke, John: Letter concerning Toleration. Zit. nach John W. Yolton (Hrsg.): The Locke Reader. Cambridge 1977

ders.: Ein Brief über Toleranz. Hrsg. v. J. Ebbinghaus. Hamburg 1966

Luther, Martin: Werke in Auswahl (8 Bände). Hrsg. v. O. Clemen u. a. Berlin 1962–1967

Mill, John Steward: Die Freiheit (»On Liberty«, 1859). Hrsg. v. A. Grabowsky. Zürich 1945

Milton, John: Politische Hauptschriften. Übersetzt von W. Bernhardi. 3 Bde. Leipzig 1979

ders.: Zur Verteidigung der Freiheit. Hrsg. v. H. Klenner. Leipzig 1977

Montesquieu, Charles de Secondat: Esprit des Lois. In: Oeuvres Complètes. Edition de la Pleiade, Paris 1951, Bd. 2

Rotteck, Carl von und Carl Welcker: Das Staats-Lexikon. Darin: Carl v. Rotteck: »Duldung«, Bd. 4 (1846), S. 137–149; K. Steinacker: »Emanzipation der Juden«, Bd. 4, S. 309–330

Rotterdam, Erasmus von: Ausgewählte Schriften (Lateinisch-Deutsch). Hrsg. v. W. Welzig. Darmstadt 1967 ff.

ders.: Vom freien Willen. Deutsch von O. Schumacher. Göttingen 1940

Rousseau, Jean-Jacques: Sozialphilosophische und politische Schriften. München 1981

Spee, Friedrich von: Cautio criminalis (1631). Frankfurt 1971 (Nachdruck)

Spinoza, Baruch von: Theologisch-politischer Traktat. Hrsg. v. G. Gawlick. Hamburg 1976

Tillich, Paul: Gesammelte Werke in 14 Bänden. Stuttgart 1959–1975. Darin insbesondere die Bände III, VIII, IX, X

Voltaire: Oeuvres Complètes. Paris 1967. Darin: Dictionnaire Philosophique. Bd. I, S. 659a bis S. 661b, Artikel »Tolérance« und Bd. V, S. 482ab bis S. 512b, »Traite sur la Tolérance, à l'occasion de la Mort de Jean Calas (1763).

Wolff, Robert Paul, Barrington Moore und Herbert Marcuse: Kritik der reinen Toleranz. Frankfurt 1965

Sekundärliteratur

Antoni, C. u. a.: Erziehung zur Freiheit. Mit einem Geleitwort von A. Hunold. Zürich/Stuttgart 1959

Badinter, R.: Libres et Égaux. L'émancipation des Juifs 1789–1791. Paris 1989

Bien, D. D.: The Calas Affair. Persecution, Toleration and Heresy in 18th century. London 1961

Böckenförder, E.: Das Grundrecht der Gewissensfreiheit. In: Veröffentlichungen der Vereinigung der Deutschen Staatsrechtslehrer. H. 28/1970

Cullmann, O. und O. Karrer: Toleranz als ökumenisches Problem. Zürich/Einsiedeln 1964

De Ruggiero, G.: Geschichte des Liberalismus in Europa. München 1930

Fetscher, Iring: Rousseaus politische Philosophie. Frankfurt a. M. 1975

ders.: Wege und Grenzen der Toleranz. Edikt von Potsdam 1685–1985. Hrsg. v. Manfred Stolpe und Erich Winter. Berlin 1987

Freud, Michael: Die Idee der Toleranz im England der großen Revolution. Halle 1927

Freudenthal, J.: Spinoza. Leben und Lehre. Erster Teil: Das Leben Spinozas. Heidelberg 1927

Guggisberg H.: Sebastiano Castellio im Urteil seiner Nachwelt vom Späthumanismus bis zur Aufklärung. Basel/Stuttgart 1956

Haller, W.: Liberty and Reformation in the Puritan Revolution. New York 1955

Hassinger, E.: Wirtschaftliche Motive und Argumente für religiöse Duldsamkeit im 16. und 17. Jahrhundert. In: Archiv für Reformationsgeschichte 49 (1958)

ders.: Religiöse Toleranz im 16. Jahrhundert. Motive-Argumente-Formen der Verwirklichung. Basel/Stuttgart 1966

Henriques, U.: Religious Tolerance in England. London 1961

Jordan, W. K.: The Development of Religious Tolerance in England. 4 Bände: Cambridge 1932–1934

Kaegi, W.: Castellio und die Anfänge der Toleranz. Basel 1953

Kamen, H.: Intoleranz und Toleranz zwischen Reformation und Aufklärung. München 1967

Leclerc, J.: Geschichte der Religionsfreiheit im Zeitalter der Reformation. 2 Bände. Stuttgart 1965

Lehmbruch, G.: Proporzdemokratie, politisches System und politische Kultur in der Schweiz und Österreich. 1967

Lutz, H. (Hrsg.): Geschichte der Toleranz und Religionsfreiheit. Darmstadt 1977

Lyon, T.: The Theory of Religious Liberty in England. Cambridge 1937

Maneli, M.: Freedom and Tolerance. New York 1984

Maritain, J.: Wahrheit und Toleranz. Heidelberg 1960

Mitscherlich, A.: Toleranz. Überprüfung eines Begriffs. Frankfurt 1974

Morgan, E. S. und Roger Williams: The Church and the State. New York 1967

Perry, R. Barton: Puritanism and Democracy. New York 1944

Richter, M.: The Political Theory of Montesquieu. Cambridge 1976

Russel Smith, H. S.: The Theory of Religious Liberty in the Reign of Carles II and James II. Cambridge 1911

Saage, R.: Herrschaft, Toleranz, Widerstand. Studien zur Politischen Theorie der Niederländischen und Englischen Revolution. Frankfurt 1981

Schulz, U. (Hrsg): Toleranz. Die Krise der demokratischen Tugend. 16 Vorschläge zu ihrer Überwindung. Hamburg 1974

Lieferbare RADIUS-Bücher

Heinrich Albertz: **Blumen für Stukenbrock.** Biographisches. 304 S., DM 36,–
Heinrich Albertz: **Störung erwünscht.** 64 S., DM 6,80
Heinrich Albertz (Hrsg.): **Die Zehn Gebote.** Eine zwölfbändige Reihe
  mit Gedanken und Texten. 108 bis 144 S., Fortsetzungspreis bei Abnahme aller Bände je DM 16,80;
  einzeln je DM 22,–
  siehe auch Walter Jens: Festgabe für Heinrich Albertz
Oskar Ansull: **DISPARATES.** RD Band 6. 80 S., DM 16,–
Klaus Bannach: **Gebete der Stille.** 80 S., DM 12,80
Michael Benckert: **Eva Maria Säuberlin.** 276 S., DM 36,–
Jürgen Brodwolf/Peter Härtling: **Zwanzig Transparentblätter/Briefe von drinnen und draußen.**
  Fünfzehn Gedichte. RRB. 120 S., DM 78,–
Wilhelm Dantine: **Der heilige und der unheilige Geist.** 256 S., DM 34,–
Ingeborg Drewitz: **Junge Menschen messen ihre Erwartungen aus . . .** 80 S., DM 16,80
Wolfgang Erk (Hrsg.): **Für Christoph Eschenbach.** Eine Festgabe. 152 S., DM 68,–
Wolfgang Erk (Hrsg.): **Hoffnungstexte.** Ermutigungen für jeden Tag. 240 S., DM 29,80
Wolfgang Erk (Hrsg.): **Literarische Auslese.** 512 S., DM 36,–
Heino Falcke: **Vom Gebot Christi . . .** 100 S., DM 16,80
Helmut Falkenstörfer: **Äthiopien.** 108 S., DM 19,80
Iring Fetscher: **Ein schwieriges Vaterland.** 352 S., Pb DM 49,–; Ln DM 58,–
Marlies Flesch-Thebesius: **Hauptsache Schwejen.** 160 S., DM 25,–
Traugott Giesen: **Gott liebt Dich und braucht Dich.** 192 S., DM 25,–
Traugott Giesen: **Leben mit Lust und Liebe.** 180 S., DM 25,–
Traugott Giesen: **Schmerzlich – schön – wunderbar.** 200 S., DM 25,–
Helmut Gollwitzer: **Argumente.** 128 S., DM 14,80
Helmut Gollwitzer/ Marquardt/Schulze: **. . . aus der Sklaverei befreit.** 128 S., DM 14,80
Janet und Paul Gotkin: **Zu viel Zorn, zu viele Tränen.** 288 S., DM 34,–
Hannah Green: **Aus freien Stücken.** 320 S., DM 36,–
Hannah Green: **Der Gründer.** 260 S., DM 19,80
Hannah Green: **Die schwebende Tante.** 256 S., DM 26,80
Hannah Green: **Herbstzeitlose oder: Glückliche Fügung?** 242 S., DM 29,–
Hannah Green: **Kammerknechte.** 390 S., DM 33,–
Hannah Green: **Landleben.** 216 S., DM 29,–
Hannah Green: **Ich hab dir nie einen Rosengarten versprochen.** 240 S., DM 26,80
Hannah Green: **Wenn es Sommer wird.** 210 S., DM 19,80
Hannah Green: **Eine Zeit wie im Paradies.** 240 S., DM 29,–
Friedrich Grotjahn: **Der weiße Neger wunderbar.** 136 S., DM 19,80

Texte der Gustav-Heinemann-Initiative:
  Arbeit und Bürgerrechte. (1986) 120 S., DM 14,80
  Der Griff n. d. Menschen. (1988) 120 S., DM 16,80
  Die Bundesrepublik . . . . (1987) 100 S., DM 16,80
  Recht zum Widerstand. (1983) 118 S., DM 14,80
  Republik in der Bewährung. (1989) 120 S., DM 16,80
  Wer macht unsere Zukunft? (1980) 94 S., DM 7,80
  Zukunfts-Chancen suchen. (1985) 126 S., DM 14,80
Klaus Haacker: **Grüße an Orpheus.** RD Band 8. 80 S., DM 16,–
Walter Habdank: **Holzschnitte.** 88 S., DM 58,–
Walter Habdank/Johann Christoph Hampe: **Kreuzweg und Auferstehung.** 104 S., DM 16,80
Peter Härtling: **Brief an meine Kinder.** RRB. 64 S., DM 16,–
Peter Härtling: **Die kleine Welle.** RRB. 32 S., DM 12,–
Peter Härtling: **Für Ottla.** RRB. 40 S., DM 12,–
Peter Härtling (Hrsg.): **Textspuren.** Konkretes und Kritisches zur Kanzelrede. Eine achtbändige Reihe.
  Je rund 260 S., Fortsetzungspreis bei Abnahme aller Bände je DM 26,–; einzeln je DM 29,80
Peter Härtling: **Und hören voneinander.** 112 S., DM 19,80
Peter Härtling: **Zueignung.** RRB. 100 S., DM 18,–
Peter Härtling: **Fünfzehn Gedichte.** s. Brodwolf/Härtling
Titus Häussermann (Hrsg.): **Ingeborg Drewitz.** Materialien. 180 S., DM 26,–
Gunnar Hasselblatt (u. a.): **Das geheime Lachen im Bambuswald.** 96 S., DM 14,80
Gunnar Hasselblatt: **Leben und Sterben im Oromoland.** 128 S., DM 16,80
Gunnar Hasselblatt: **Nächstes Jahr im Oromoland.** 152 S., DM 16,80
Karl Herbert: **Kirche zwischen Aufbruch und Tradition.** 360 S., DM 29,–
Klaus-Peter Hertzsch: **Der ganze Fisch war voll Gesang.** 80 S., DM 12,–
Helmut Hild: **Die Welt braucht Frieden . . .** 100 S., DM 16,80
Hans Norbert Janowski: **Das Wichtigste in Kürze.** 80 S., DM 12,–
Walter Jens: **Das A und das O.** Die Offenbarung des Johannes. 96 S., DM 14,80
Walter Jens (Hrsg.): **Assoziationen.** Gedanken zu biblischen Texten. Acht Bände: je 210–260 S.,
  DM 29,80. Acht Bände *im Schuber,* komplett DM 192,–
Walter Jens (Hrsg.): **Es begibt sich aber zu der Zeit.** Texte zur Weihnachtsgeschichte.
  488 S., DM 36,–

Walter Jens (Hrsg.): **Festgabe zum 70. Geburtstag für Heinrich Albertz**. 248 S., DM 39,80
Walter Jens: **Juden und Christen in Deutschland**. 128 S., DM 14,80
Walter Jens: **Roccos Erzählung**. RRB. 40 S., DM 12,–
Walter Jens: **Das weiße Taschentuch**. RRB. 32 S., DM 12,–
    siehe auch Kurt Marti: Festgabe für Walter Jens
Aurel von Jüchen: **Jesus Christus und die Tabus der Zeit**. 144 S., DM 16,80
Arnim Juhre: **Der Schatten über meiner Hand**. RD Band 7. 64 S., DM 12,–
Otto Kaiser: **Ideologie und Glaube**. 160 S., DM 26,–
Rudolf Kautzky: **Sein Programm**. 96 S., DM 16,80
Paul Krauß: **Der ersehnte Tod**. 112 S., DM 17,–
Peter Kreyssig: **Bürgernähe**. 25 Predigten. 160 S., DM 23,–
Jo Krummacher: **Frieden im Klartext. Schalomgottesdienste**. 200 S., DM 26,–
Jo Krummacher / Hendrik Hefermehl: **Ratgeber für Kriegsdienstverweigerer zum KDVGesetz** –
    mit den Neuregelungen für die 90er Jahre. 240 S., DM 14,80, ab 10 Ex. je DM 12,80
Günter Kunert: **Dichter predigen**. 168 S., DM 22,–
Klaus Lefringhausen: **Wirtschaftsethik im Dialog**. 216 S., DM 29.–
Winfried Leuprecht: **Der Versuch, aufrecht zu stehen**. 140 S., DM 23,–
Elisabeth Ludwig-Klein: **Krebs-Kinder-Tagebuch**. 150 S., DM 23,–
Kurt Marti (Hrsg.): **Festgabe für Walter Jens**. 288 S., DM 42,–
Kurt Marti: **geduld und revolte. die gedichte am rand**. RD Band 5. 100 S., DM 16,–
Kurt Marti: **Die gesellige Gottheit**. 100 S., DM 22,–
Kurt Marti: **Gottesbefragung**. 180 S., DM 23,–
Kurt Marti: **Lachen, Weinen, Lieben**. 128 S., DM 22,–
Kurt Marti: **O Gott!** 210 S., DM 25,–
Kurt Marti: **Red' und Antwort**. 128 S., DM 23,–
Kurt Marti: **Schöpfungsglaube**. 100 S., DM 19,80
Kurt Marti: **Ungrund Liebe**. 60 S., DM 12,–
Gerhard Marcel Martin: **Werdet Vorübergehende**. 200 S., DM 28,–
Christoph Meckel: **Sieben Blätter für Monsieur Bernstein**. RRB. 32 S., DM 28,–
Dietrich Mendt: **Vater hat schlechte Laune**. Gebete für Kinder. 64 S., DM 9,80
A. M. Klaus Müller: **Leid – Glaube – Vernunft**. 96 S., DM 14,–
A. M. Klaus Müller: **Die präparierte Zeit**. 672 S., DM 49,–
A. M. Klaus Müller: **Das unbekannte Land. Konflikt-Fall Natur**. 600 S., DM 78,–
Martin Niemöller: **Erkundung gegen den Strom**. 140 S., DM 19,80
Dietrich von Oppen: **Ohne Angst und ohne Herrschaft**. 96 S., DM 14,80
Raissa Orlowa/Lew Kopelew: **Boris Pasternak**. RRB. 64 S., DM 16,–
Leonie Ossowski: **Das Zinnparadies**. RRB. 64 S., DM 16,–
Marietta Peitz: **Ein fremdes Herz im Schwarm**. 120 S., DM 18,–
Marietta Peitz: **Die bunte Wirrnis der Dinge**. 160 S., DM 23,–
Marietta Peitz: **Gotteszahl und Tageseinmaleins**. 128 S., DM 19,80
Marietta Peitz: **Grün, wie lieb ich dich grün**. 128 S., DM 19,80
Marietta Peitz: **Rufus**. 180 S., DM 24,80
RADIUS-Almanach. Zwölf Ausgaben. Jeweils 80 bis 160 Seiten.
    Zuletzt: 1989/90; DM 16,80
Ruth Rehmann: **Der Abstieg**. RRB. 32 S., DM 12,–
Ernst Rudolf Rinke: **Der Weg kommt, indem wir gehen**. 208 S., DM 29,–
Hildegard und Fritz Ruoff: **Blicke und Bilder**. 2 Bände im Schuber 48,–; sign. DM 90,–
Kurt Scharf: **Widerstehen und Versöhnen**. 280 S., DM 36,–
Ulrich Schmidhäuser: **Entfeindung**. 92 S., DM 16,80
Dietmar Schmidt: **Martin Niemöller**. Eine Biographie. 288 S., DM 34,–
Annelore Schmidt-Weyland: **Ruben**. Roman. 408 S., DM 38,–
Hans Jürgen Schultz: **Warum wir schreiben**. RRB. 48 S., DM 14,–
Volker Sommer: **Yeti**. RRB. 48 S., DM 16,–
Hilde Spiel: **Der Baumfrevel**. RRB. 32 S., DM 12,–
Heinrich Vogel: **Gesammelte Werke**. 12 Bände (Sonderprospekt)
Gerd von Wahlert: **Ziele**. 120 S., DM 19,–
Franz H. Waldmann: **Kronzeugen gegen die »Nach«-Rüstung**. 88 S., DM 14,–
Martin Walser: **Säntis**. Ein Hörspiel. RRB. 64 S., DM 16,–
Martin Walser: **Variationen eines Würgegriffs**. RRB. 88 S., DM 18,–
Wolfram Weiße (Hrsg.): **Asania – Namibia – Zimbabwe**. 96 S., DM 12,80
Christian Weyer: **HiobsBotschaft**. 24 S., DM 4,80 (Staffelpreise)
Christian Weyer: **StippVisite**. 32 S., DM 5,80 (Staffelpreise)
Hanna Wolff: **Der eigene Weg**. 120 S., DM 22,–
Hanna Wolff: **Jesus der Mann**. 200 S., DM 29,––
Hanna Wolff: **Neuer Wein – Alte Schläuche**. 240 S., DM 29,80
Hanna Wolff: **Jesus als Psychotherapeut**. 180 S., DM 28,–

Preise in DM. Stand: Februar 1990. Änderungen vorbehalten.